[亲历大家系列]

我了解的叶圣陶

吴泰昌 著

叶圣陶

生活·讀書·新知 三联书店

图书在版编目（CIP）数据

我了解的叶圣陶／吴泰昌著．—北京：生活·读书·新知三联书店，2014.10
（亲历大家）
ISBN 978－7－108－04847－9

Ⅰ．①我…　Ⅱ．①吴…　Ⅲ．①叶圣陶（1894 ~ 1988）－人物研究　Ⅳ．①K825.46

中国版本图书馆 CIP 数据核字（2014）第 211208 号

特约编辑　卓　玥
责任编辑　卫　纯
装帧设计　薛　宇
责任印制　郝德华
出版发行　生活·讀書·新知 三联书店
（北京市东城区美术馆东街 22 号 100010）
网　　址　www.sdxjpc.com
经　　销　新华书店
印　　刷　北京隆昌伟业印刷有限公司
制　　作　北京金舵手世纪图文设计有限公司
版　　次　2014 年 10 月北京第 1 版
2014 年 10 月北京第 1 次印刷
开　　本　635 毫米 ×965 毫米　1/16　印张 11.25
字　　数　120 千字　图 100 幅
印　　数　0,001－6,000 册
定　　价　29.00 元
（印装查询：01064002715；邮购查询：01084010542）

今年是叶圣陶诞辰120周年，纪念叶老的著作和文章可想众多，但我的《我了解的叶圣陶》不同于一般意义上的传记或评传，不是全面系统地介绍、评说叶圣陶，而是从自己与晚年叶圣陶近距离交往的独特角度，纪实、朴实式地写，从一个侧面、不同方面，具体、真实地勾勒叶老的人生轨迹和人品文品，力求通过几段往事，若干片段，把中国现代一位真正大师的风采描绘得亲近可感。

但愿我的这点想法和努力能实现于一二，这本小书，也算是我这位后辈给最为崇敬、深切怀念的叶圣老的一份薄礼吧。

目　录

走进叶家大院

前不久，我们北大同学相聚，在西城一位同学家里，约定中午11时。大家陆续汇齐，已近13时了，不是交通堵塞，而是他的居处周围新楼耸立，原来熟悉的小道也拓宽了。明明知道那小院在哪里，偏偏就是难以走近它。大家在刺骨的寒风中，深切地感到北京城市的快速变化。

但也有些城市角落变化的足迹极小，还是我半个世纪前来京时的印象，就像东四一带那十几条胡同里一座座幽深的四合院。

东四八条，是我跑得较勤留下记忆较多的一条胡同。1975年秋天，《人民文学》杂志复刊，我从河北调回北京，就是先到这家刊物工作，编辑部就在八条一幢小楼里。楼的对面，是一座大宅院。这座四合大院是东城区旧居保护单位，可想它的年头，和它主人的名声。这些我从未探询过，至今也不明晰。我只知道1958年叶圣陶先生就住在这里。当时我们北大中文系1955级同学正在集体编著《中国文学史》、《中国小说史》，我参加近现代部分的写作，曾冒昧地写信向叶老请教。叶老很快回了我一封信，约定了时间在东四八条71号接见我。后来因叶老临时有事取消了这次接见。但八条71号我却牢牢地记住了。当我第一天到《人民文学》杂志社上班时，自行车刚放下，转身就见到了门牌上的“71”，我暗自欣喜。二十年后，我准会有机会见到他——我崇敬的叶老，准会有机会听取他的指教。

1951年元旦，叶圣陶、胡墨林夫妇摄于北京东四八条北屋门口

摄于叶圣陶八十八岁生日，墙上挂着夫人胡墨林年轻时的照片

建国后，叶老长期担任教育部副部长兼人民教育出版社社长。我有几位师弟在他手下做编辑工作，多次提醒我叶老对编辑出版工作要求极为严格，他的工作作风是一贯的严谨、认真。

我带着这点心理准备登门去向叶老求稿了。中国作家协会所属的《文艺报》、《人民文学》、《诗刊》，在文化大革命初期就被迫停刊了。《人民文学》是最早复刊的，中国作协当时尚未恢复，刊物归出版局管辖。编辑人员多半是《人民文学》原班底的，我是原《文艺报》的，又外调了一些人员。在那个年代，在那个特殊的环境里，《人民文学》的复刊，给文艺界带来一些希望。刊物领导动员我们积极组织一些可以亮相的名人的稿件。副主编严文井一再催促我，赶快去向叶老求援。

我勇敢地敲开了大门，径直走向后院。我知道叶老有早起的习惯。最初我多选择清晨上班前去，经常见到的是，叶老戴耳机在听广播，至善在伏案工作。叶老几乎每次都满足我们的请求。我常常带着庭院里的那棵时而茂盛，时而光秃的海棠树的印记兴冲冲地跑回编辑部。

1976年10月24日，首都人民在天安门举行庆祝粉碎"四人帮"盛会，我请叶老为刊物写首词。第三天上班时，我就收到他送来的大作，并附了一封给我的信："泰昌同志：承嘱写稿，勉成《满江红》一阕，今送上请同志们审阅。排版时希望照此式样，校样来时，让我看一下，想都能办到。即请刻安。叶圣陶10月29日上午。收到时希来一电话，我处电话号码为四四二四八八。"

读着叶老的这封信，既感动又不安。感动的是，德高望重的叶老字斟句酌之作，还要请"同志们审阅"，足见他对晚辈编辑工作的尊重。"排版时希望照此式样，校样来时，让我看一下"，足见叶老办事之认真，为人着想。作为一名合格的编辑，叶老这些要求，理应主动去做的，为什么叶老要强调说明他这些要求"想都能办到"，就因为，我们曾编发叶老大作时没有做到。

在此之前不久，叶老曾给我一封信，他在这信中说："刚才接到《人民文学》九月号，看了目录，十页魏作，三十四页晓星作，五十八页拙作，题下都加括弧，内排'诗'。这三题都标明词牌，是'词'不是'诗'显然可知。现在看报上文章，听人口头说话，我从而知道有些人已经不分'诗'和'词'了。《人民文学》在目录里这样写，将会推进不分'诗'和'词'的趋势。这好不好，似乎可以考虑。我懒得去查以前各期，不知道以前在目录里对于'词'怎么处理的。还有三十三页光未然之作是'诗'，目录里没有标明。叶圣陶十月六日下午。"

说实话，如果不是我当时已感受叶老为人的大度宽容，对晚辈的爱护，读了他这封信后，我是绝没有脸面再去请他赐稿。叶老自己的作品发表前反复斟酌。1976年11月1日上班时，我刚收到他家里人送来的一篇文章，不到一小时，又收到他送来给我的一封短信，"拙稿匆促送上，经重新斟酌，有好几个字需要改动。因此，待排样送到时，务希交下，容我自己校毕。不胜盼祷。顺请刻安。叶圣陶十一月一日上午。"我记住他常说的这句话，写作、编辑，为的就是读者。在日常交谈时，叶老的言语也是十分认真的。有次我听他谈文坛新发生的一些事，我前脚回办公室，刚沏上茶，就收到他派人送来的一封信，告我刚刚他谈的某个情况人名记错了，叫我别再外传。至善长期与叶老生活在一起，他的工作、写作、为人的严谨、认真，深受其父的影响。1983年，至善、至诚兄弟编辑出版了《叶圣陶散文》（甲集），校刊之精细不说，内容之丰富令人对散文大家叶老有了更充实新鲜的认识。编者花了很大功夫，查找到了叶老建国前用各种笔名发表的散文有五十多万字，又经叶老本人和编者筛选，甲集里收录了近四十万字。江苏教育出版社出版的多卷本《叶圣陶集》，是叶至善、叶至美、叶至诚编选的，在我阅读近些年各地出版的诸多《全集》、《文集》中，我以为《叶圣陶集》至少在注释交代之翔实、说明扼要准确方面是突出的。

叶老是位非常念旧、重感情且爱憎分明的长者。他与长篇小说《风雷》的作者陈登科，估计没有太多的往来。但他知道陈登科在文化大革命中因《风雷》遭难，这个“难”还殃及到该书责编江晓天，非常气愤。1978年5月，登科从安徽来京，要我向叶老代求墨宝。叶老很快就写了《书赠陈登科》：“诬指风雷是谤书，到今魑魅竟如何？料因皖境新猷富，正喜挥毫绰有余。”叶老在当天的日记中点出“新猷”系指万里同志。万里时任安徽省省委书记。上海魏绍昌先生，是位对文艺史料痴迷的收藏家。上世纪70年代后期，赵丹和白杨书画合作，为他搞了本《红楼梦咏菊诗意图》，赵丹画菊花，白杨录书中诸人之诗。魏先生请京沪文化界一些名人为该“图册”题诗词或跋文。1979年5月，当“图册”传到叶老处，他很快题了诗：

舞台联璧群称久，文苑交辉我见初。
老眼晴窗洵一乐，赵丹画与白杨书。

红楼分咏菊花诗，诗与其人才性宜。
此是雪芹高手笔，不徒对话耐寻思。

1953 年 2 月 16 日摄于北京东四八条院内。前排胡墨林、叶圣陶夫妇；二排（从左往右）夏满子、叶至诚、叶至美；后排叶至善、叶蠖生。"至诚离沪先于墨与余，以一九四八年底入苏北解放区。为别四载有余，始于一九五三年二月十三日到京，与全家人重会。"——叶圣陶

1974 年叶圣陶与叶至善父子在家中院子里

北京东四八条叶圣陶寓所，从 1949 年至今这里住过叶家六代人

叶圣陶和曾孙女阿牛摄于北京寓所——1970年夏所作《与阿牛庭间合影》云："初有儿孙日，无如此日闲。"

1980年10月10日凌晨，人民艺术家赵丹同志病逝，为了纪念他，文化部、中国文联于10月20日下午在首都剧场举行悼念赵丹同志大会，请叶老出席，叶老时在病中，他执意要去。那天上午至善正好另有会议必须参加，因这个纪念大会也请了我，至善请我陪叶老去。会进行一半时，叶老发烧了，得赶快回家。上车前，叶老还嘱咐我同会议主持人说明，他请假先走了。

1984年，上海《文汇报》曾约我写"书山偶涉"专栏，第一篇我写了《最早评论〈子夜〉的文字》，说的是1933年1月出版的第31号《中学生》杂志的扉页上有一则介绍茅盾《子夜》的提要。我在文中说这则提要很可能出自同是出版《子夜》的开明书店和《中学生》杂志的主要编辑叶圣陶之手。叶老看了拙作后对我说，这则提要可能是徐调孚写的，如查实确是调孚先生写的，叫我以后有机会时更正一下。我告他有文章说他当年看重《子夜》，特意题签。叶老说，看重是事实，题签也是事实，但特意就未必了，因为当年开明出版的不少书的书名都是我书写的。

1978年《文艺报》复刊后，我又回到《文艺报》工作。办公地点离叶老家稍远，但骑自行车还顺路。复刊之后的《文艺报》，急需一些有分量的文学大评论。促使我想去请叶老写评论，是因为叶老写过大量的现代名著的评论。最直接的因素是，1962年我的北大同级同学孙幼军出版了童话《小布头奇遇记》，受到叶老赏识，并发表《谈谈〈小布头奇遇记〉》，我决心去试试。当时作家于敏刚出版了长篇小说《第一个回合》，是写解放初期经济恢复时期，东北某个钢铁基地的故事，《文艺报》想评论一下。我向叶老提出这个请求，叶老说现在眼睛越来越不管用，看书报戴了老花眼镜还得加个放大镜。听了他的话，我顿然感到我这个请求太不近情理，虽然叶老当场并未拒绝。回报社谈起，都说太难为叶老了，别再催。此后我几次去叶家，都不再提及此事。5月下旬，全国文联在西苑饭店开会，我在大会工作，突然收到叶老通过大会办公室转寄给我的信：“泰昌同志：我参加出外参观学习，未能出席文联的会。你嘱我写《第一个回合》的介绍，已经勉力写成，请驾临我寓取去。为陈登科同志写的字，可以同时取去。下月中旬末回来，届时希望来谈谈，即问近佳。叶圣陶五月二十六日。”取回介绍《第一个回合》的文章，才知道叶老是从收音机里陆续听完这部小说的，一天半小时，

叶圣陶爱刻图章

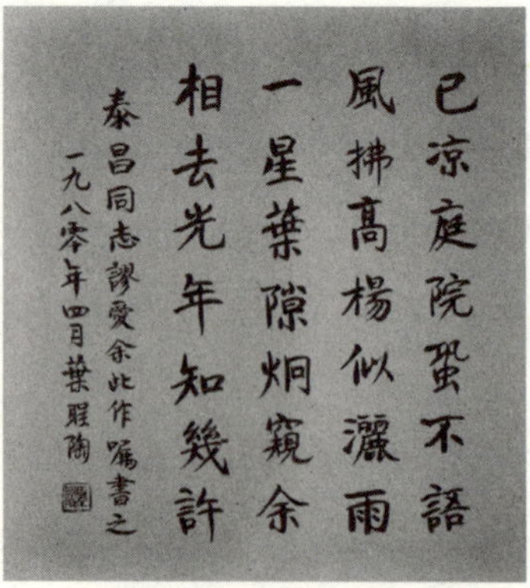

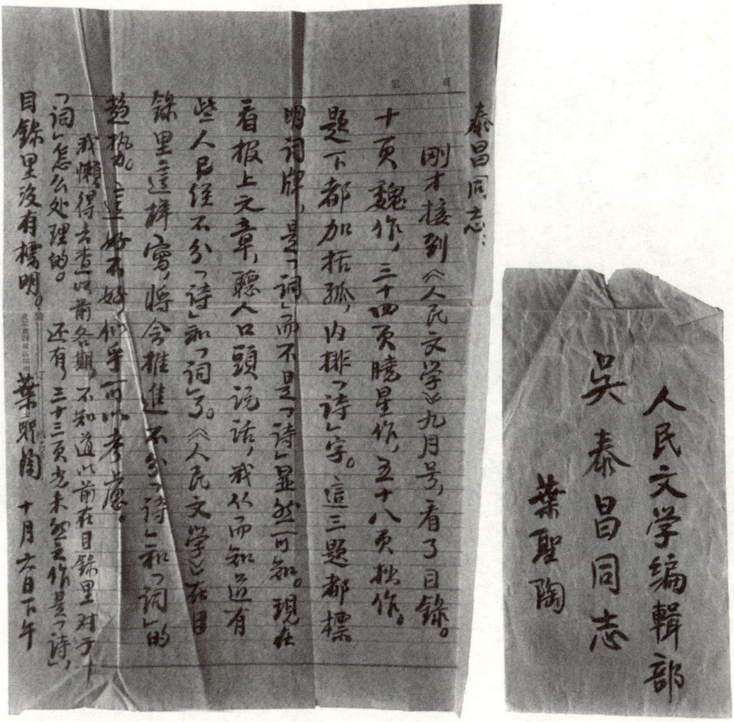

听了三个来月。所以用的题目是《我听了〈第一个回合〉》。文章不短，数千言。叶老对小说中的情节、人物、描述均有细致的分析。可以想见，他每天听半小时，一边听，一边记。为何叶老那般有毅力有热情地评论这部小说呢？他在文中写道："这部小说写的是国民经济恢复时期，题目叫《第一个回合》，也很有意思。现在，咱们正面临着一个前所未有的更大的回合，这就是实现四个现代化，把咱们中国建设成为伟大的社会主义强国。在这个时候，回顾一下解放后'第一个回合'，回顾一下'第一个回合'的胜利是怎么得来的，将会鼓舞咱们的斗志，坚定咱们的信心。所以我几乎逢人就介绍这部小说，现在写这篇文章的目的也在于此。"

1979 年《文艺报》约请一些作家写创作谈。江苏方之的短篇小说

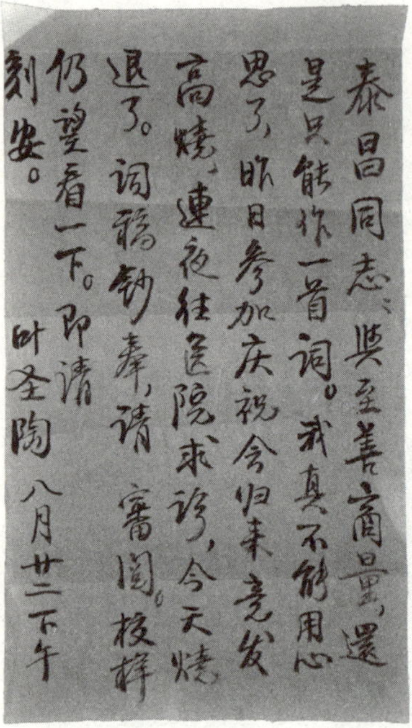
泰昌同志：與至善商量，還是只能你一首词。我真不能用心思了，昨日参加庆祝会归来竟发高烧，連夜往医院求诊，今天烧退了。词稿钞奉，请 審阅。校样仍望看一下。即请
刻安。
叶圣陶 八月廿二下午

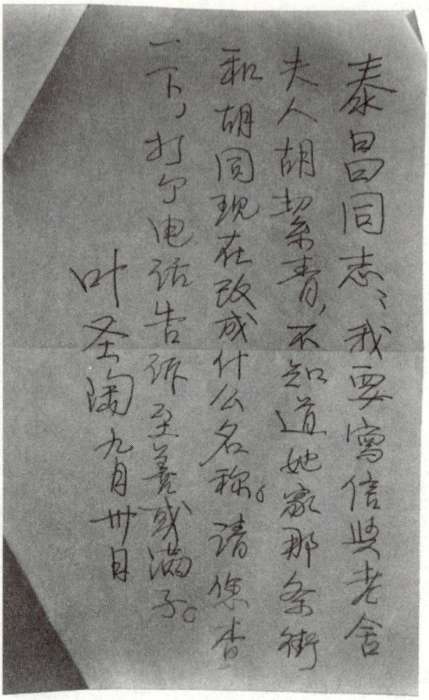
泰昌同志：我要寫信與老舍夫人胡絜青，不知道她家那条街和胡同现在改成什么名称。请您查一下，打个电话告訴至善或滿子。
叶圣陶 九月卅日

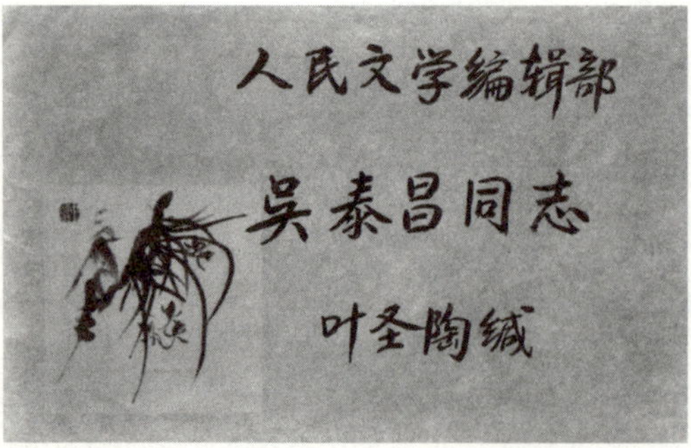
人民文学编辑部
吴泰昌同志
叶圣陶缄

《内奸》荣获 1979 年中国作协主办的全国优秀短篇小说奖。我清楚他和叶至诚志同道合、私交甚笃，写信给同在南京的至诚，请他们俩分别或联名为我们写一篇。第 10 期《文艺报》发表了方之、叶至诚的《也算经验》。不久，方之因病去世了。听到这个不幸的消息，编辑部叫我物色一位合适的作者写篇纪念文章，我想到了至诚。我写信给至诚，很快他就寄来了《方之的死》。他在随文章同寄给我的信中说："《方之的死》我也以为在《文艺报》上发表的好，与《也算经验》相响应，向读者交代上世纪 50 年代初露头角的一位有才华、有良心的青年作者的结局。写这篇短文，心中有一种愤慨，谁说十七年的文艺路线完全正确呢？把事实摆出来看看。"《方之的死》在 1980 年第 1 期的《文艺报》刊发后反应很好。这不仅是至诚散文创作中的佳作，也是 1980 年散文创作中的硕果。

有次我去叶老家，同他谈起至诚的这篇文章，他说，好文章不在长短，重要的是要有感而发。由此我联想起，叶老的挚友夏丏尊先生 1946 年怀着满腔忧愤去世，叶老写了三百多字的短文：《从此不再听见他的声音》。1988 年，叶老去世后，每当我走进 71 号大院，叶老那洪亮的声音依然在耳边回荡。

闲谈五四文坛前后

忘记是谁说过，有的人的经历，本身就是一页真实可贵的历史资料。也许正是受这种说法的影响，1979 年，五四运动六十周年前夕，我特意两次走访大病初愈的叶老。

叶老已是近八十五岁高龄的人了。他比郭沫若小两岁，比茅盾大两岁，是当时健在的我国现代有重要成就和影响的作家中最年长的一位。他有长久的创作历史。五四新文学运动初期，他是新潮社的重要成员和文学研究会的发起人之一。上世纪 20 年代，他先后出版了短篇小说集《隔膜》（1919—1921）、《火灾》（1921—1923）、《线下》（1923—1924）、《城中》（1923—1926），长篇小说《倪焕之》（1928）等。叶圣陶开始文学创作，涉及的门类多，除小说外，还写新诗、散文、儿童文学、文艺杂论等，但初期以小说为主。可以说，他在小说创作上的突出成就，是五四新文学运动最初收获的一部分。

是一个暖得要人脱下棉衣的北京春日，虽然已是下午 4 点多了，当踏进叶老住宅的大门时，我还是迟疑了一下。一个多月前，在我江南之行的前一天，也是这个时辰，我去看望过他。叶老身体、精神一向很好，自 1978 年 7 月因病住院手术后，虽然疗养得不错，也很难与从前相比了。他告诉我，精神还好，只是视力愈来愈差。那天恰好一位老朋友来看他刚走，他有点疲倦。我只匆匆将来意说明，不忍心再打扰他，约定返京后来谈。今天，虽然已事先约好，我比预定的时间还是晚到了，我想让他多休息一会儿，使他更有精神来回忆一些有意义的往事。我进门时，叶老已端坐在沙发上，他急切地问我这次在沪、宁、杭一带见到的他的那些老朋友，他们的近况怎样。当谈起郭绍虞时，他笑着说，“‘五四’那年，我同他都不在北京……”我们的谈话，就这样开始了。

叶老说，五四运动发生的时候，他在苏州甪直镇任吴县第五高等小学教员。甪直是水乡，在苏州东南，距离三十六里，只有水路可通，遇到逆风，船要划一天。上海的报纸，要第二天晚上才能看到。教师们从报纸上看到了北京和各地集会游行和罢课罢市的情形，当然很激奋，大家说应该唤起民众，于是在学校门前开了一个会。这样的事在甪直还是第一次，镇上的人来得不少。后来下了一场雨，大家就散了。这一段经过，他写在《倪焕之》第十九节里，不过不是纪实。说到这里，叶老强调说，写小说不是写日记，不是写新闻报道，如果说小说中的某人就是谁，小说中的细节都跟当时的情景一模一样，那就不对了。叶老这几句话是有感而发的。《倪焕之》是我国现代文学史上的一部名著。1928年在《教育杂志》上连载，1929年8月出单行本。不及一年，就印了三版，可见当时影响之大。最近人民文学出版社又重印了这本书。有的研究者认为这是一部自传体小说，叶老不同意这种意见。我不止一次听他说过，《倪焕之》描写的内容是有生活依据的，但绝不是他个人生活经历的实录，是艺术创作，而不是日记。叶老接着说，当时大家没有做宣传工作的经验，虽然讲得激昂慷慨，可是在甪直这样一个镇上，群众的反应不会怎么大是可想而知的。

关于五四运动的影响，叶老说，“五四”提出了外御强权、内除国贼的口号，提出了要民主、要科学的口号，对当时的知识青年来说，影响是很大的，他肯定也受到影响，但是说不清具体是什么样的影响，那影响有多大。他说，关于这类问题，有的人能自觉，有的人却不自觉或不太自觉，他是属于不太自觉的一类，这只好让研究的人从他当时的言

1979 年，作者听叶老闲谈五四文坛前后

行和文章中去考察了。

叶老对“五四”前后的文艺期刊是很熟悉的。他说，民国初年的期刊，消遣性质的多于政治性质的，所以小说期刊居多，出版几乎集中在上海。“五四”前夕，全国各地出版期刊成为风气，大多讨论政治问题、思想问题、社会问题。“五四”以后，各地的期刊就更多了。在 1958 年和 1959 年，中共中央马恩列斯著作编译局研究室出版过《五四时期期刊介绍》三厚册，真可谓洋洋大观。这些期刊大多是青年学生主办的，还有比较进步的教员。这表示中国的青年觉醒了，开始登上思想政治舞台了，这跟第一次世界大战有关，跟十月社会主义革命的胜利有关。

谈到新潮社，叶老说，新潮社成立于“五四”前夕，是北京大学的学生组织，1919 年 1 月开始出版《新潮》月刊。他幼年的同学顾颉刚当时在北大上学，是新潮社的社员，写信到甪直约他给《新潮》写些小说，还邀他参加新潮社。叶老先后寄去了几篇小说，第一篇刊登在《新潮》第1卷第3期上，篇名是《这也是一个人！》，后来编入集子，改为《一生》。在《新潮》上，叶老还发表过几篇关于小学教育和语文教学的论文。叶老说："大概是在《新潮》上刊登了文章的缘故，就有不相识的人写信到甪直来了，振铎就是其中的一位。这种寻求朋友的风气，在当时是很盛行的。后来振铎和朋友们在北京筹备组织文学研究会，写信邀我列名为发起人。"

叶老说，文学研究会的宣言刊登在《小说月报》第12卷第1期上，其时是1921年初。发起人一共十二个，只有郭绍虞是他小时候的朋友，其他八位是后来才见面的，还有蒋百里和朱希祖，根本没见过。叶老说："文学研究会标榜'为人生'的文学，似乎很不错。但是'为人生'三个字是个抽象的概念，大家只是笼统地想着，彼此又极少共同讨论，因而写东西，发议论，大家各想各的，不可能一致。"

《小说月报》始刊于1910年7月，是民国初年和五四运动以后影响很大的文学刊物。叶老说，"五四"之后，原来的《小说月报》受到新文化运动的冲击，不大受欢迎了。商务印书馆要跟上潮流，从1921年的第12卷开始，改由沈雁冰主编。叶老回忆说："也是振铎来信，说《小说月报》将要改弦更张，约我写稿。我在1920年10月写了一篇《母》寄去。这篇小说署名是叶绍钧，发出来的时候，雁冰加上了简短的赞美的话，怎么说的，现在记不清了。"

叶老在"五四"之前就写小说了。据他自己回忆，大约始于1914年，其时他二十岁。上海有一种周刊叫《礼拜六》，他先后投稿有十篇光景，第一篇是《穷愁》，后来收在《叶圣陶集》第三卷里。《礼拜六》的编者是王钝根，他并不相识，稿子寄去总登出来，彼此也不写什么信。《礼拜六》的封面往往画一个时装美女，作者是画家丁聪的父亲丁悚。

叶老说，当时的各种小说期刊，多数篇用文言，少数篇用白话。他记得给《礼拜六》的小说除了用文言写的，也有一两篇用白话写的。最近有人查到上海出版的《小说丛报》上有叶老在1914年写的两篇小说，也是文言写的，篇名是《玻璃窗内之画像》和《贫女泪》。叶老完全忘了这两篇了。他只记得《小说丛报》的主编是徐枕亚。徐枕亚是后来被称为鸳鸯蝴蝶派的主要角色。

叶老记得上海出版的《小说海》也刊登过他的两篇小说，可是忘了篇名。最近有人查到了，是《倚闾之思》和《旅窗心影》。叶老说，《旅窗心影》原来是投给《小说月报》的。当时主编《小说月报》的是恽铁樵。恽铁樵喜欢古文，有鉴赏眼光，他认为这一篇有可取之处，可是刊登在《小说月报》还不够格，就收在也是他主编的《小说海》里。他还写了一封长信给叶老，谈论这篇小说的道德内容。叶老说，鲁迅先生的文言小说《怀旧》就是发表在《小说月报》上的，署名周逴。恽铁樵对这篇小说极为欣赏，加上了好些评语，指出他所见到的妙处。如果现在能找到这一期《小说月报》来看看，叶老认为是蛮有意思的。叶老跟恽铁樵通过信，没见过面。恽铁樵后来离开商务印书馆去行医了，很有点名气，诊费相当高。我曾查找到恽铁樵对鲁迅发表的第一篇小说《怀旧》的评语，并用大字抄录，送给叶老和叶至善看，编者焦森（即恽铁樵——引者）在篇末附志：“实处可致力、空处不能致力、然初步不误、灵机人所固有、非难事也。曾见青年才解握管、便讲词章、卒致满纸饾饤、无有是处、亟宜以此等文字药之。”（原标点未改——引者）。叶老说恽铁樵的这段文字他以前看过。辛亥革命时鲁迅年仅三十一，留传下来的这一时期的文学作品极少。客观地说，《怀旧》在当时的影响不太大，但对鲁迅来说这是一次良好的训练，对他1918年创作白话短篇小说《狂人日记》有重要帮助。对恽铁樵编辑改革前的《小说月报》，叶老说“恽铁樵对于小说创作，态度严肃，主张下笔必须郑重考虑”。据说有人和他开玩笑：“这不是小说，简直成为大说了。”恽铁樵对来稿处理认真。对青年投稿者也热情。叶老最初向《小说月报》投稿也得到他的鼓励。叶圣陶认为，恽铁樵对我国现代小说的发展，作过贡献。

谈谈不觉已近7时，叶老的谈兴不减。叶老的长子叶至善暗示我，谈话该结束了。今天，还有以后多次，我随着叶老从他熟悉的通道漫游了“五四”前后中国文坛的一角，大长见识。叶老在我国现代文学园地里辛勤扎实地耕耘了半个多世纪，他的丰富的记忆，是十分值得记录下来的。这将是研究现代文学的一件很有意义的工作。

《文学研究会宣言》的起草者

《文学研究会宣言》，是研究我国新文学运动发源的一篇极为重要的资料。它的起草者是谁，本来是确定的。1921年2月10日出版的《小说月报》第12卷第2号上，有《文学研究会会务报告（第一次）》一文，其中说到该会发起之经过："12月4日，北京的同志又在万宝盖耿宅开一个会，讨论并通过会章，并推周作人君起草宣言书。"可能由于宣言的起草者后来因政治上的变化，尔后发表的一些当事人的回忆文章中不大提及这个事实。前些年，忽然传起宣言乃出自非会员的鲁迅之手，惜未得到有力的证实。茅盾在《革新〈小说月报〉的前后》（载《新文学史料》第三辑，1979年5月出版）一文中说："文学研究会的宣言，据郑振铎说，是周作人起草而经鲁迅看过的。"由于茅盾在文学研究会中的主干地位，他的意见自然值得重视。茅盾虽是文学研究会十二个发起人之一，但酝酿成立这个组织时，他并不在北京。故他于1932年为《现代》杂志写的《关于〈文学研究会〉》一文，并没有提供多少该会发起筹备的具体情况。这次当他谈到宣言的起草人时，用了"据说"两字，可见其写作回忆录的严肃认真态度。

为弄清楚这个事实，我询问过叶老，叶圣陶也是文学研究会发起人之一。叶老说，文学研究会成立时他不在北京，也是后来听郑振铎说，这个宣言是周作人起草的，叶老说振铎是文学研究会的主要骨干人物。叶至善在《父亲长长的一生》中记叙了叶圣陶所说："文学研究会的成立，可以说主要是振铎兄的功绩。我参加文学研究会，为发起人之一，完全是受他的鼓励，好几位其他成员也跟我相同。有时候我曾经这样想，如果没有振铎兄这样一个核心人物，这一批只会动笔而不善处事的青年中年人，未必能结成这个文学团体。"（叶至善：《父亲长长的一生》，江苏教育出版社，2004 年）叶老建议我找找周作人在自己的文章中有无关于起草文学研究会宣言的记载。叶老说，几十年前的事，现在的有些回忆不如当事人过去公开发表的文字中相关记载可信度大。

周作人在 1966 年 1 月脱稿的《知堂回想录》第一三五节中说："民国九年（1920）我很做了些文学的活动，11 月 23 日下午到东城万宝盖胡同（俗语王八盖）的耿济之君家里开会，大约记得是商量组织'文学研究会'的事情，大家叫我拟那宣言，我却没有存稿，所以记不得是怎么说了，但记得其中有一条，是说这个会是预备作为工会的始基，给文学工作者全体联络之用。可是事实正是相反，设立一个会便是安放一道门槛，结果反是对立的起头，这实在是当初所不及料的了。"

他在 1944 年 12 月 5 日写的《文坛之外》一文中，有更清楚的述说："文学研究会成立，我也是发起人之一，那篇宣言是大家委托我起草的，曾登在《新青年》8 卷 5 号上，所以我至今保留着。宣言共分三点，除联络感情与增进知识外，其第三项云：'三、是建立著作工会的基础。'将文艺当作高兴时的游戏或失意时的消遣的时代，现在已经过去了。我们相信文学是一种工作，而且又是于人生很切要的一种工作，治文学的人也当以这事为他终生的事业，正同劳农一样。所以我们发起本会，希望不但成为一个普通的文学会，还是著作同业的联合的基本，谋文学工作的发达与坚固。这虽然是将来的事，但也正是我们的一个重要的希望。'这个工会的主张在当时发起人虽然都赞成，却是终于不能实行，所以文学研究会前后活动了十年，也只是像平常一个文学团体那么活动，未能另外有什么成就。"（周作人：《立春以前》，上海太平书局，1945年）上述引文中所说宣言“曾登在《新青年》8卷5号上”，显然系作者记忆有误。是期《新青年》上有周作人的《文学上的俄国与中国》一文，还有其他译作。文学研究会宣言却是刊在1921年1月10日在上海出版的《小说月报》第12卷第1期上。那时《小说月报》主编茅盾后来回忆说：“在《小说月报》11卷12号付印时，‘文学研究会’发起人名单及宣言、章程等尚在酝酿中。‘文学研究会’的宣言、简章、发起人名单是在当年12月中旬方由郑振铎寄来，刚刚赶上12卷第1期最后一批发稿，就以‘附录’形式全部刊出。”

弄清宣言的起草者，不仅说明我们尊重历史事实，而且对研究周作人这个有影响而又复杂的作家也是不无意义的。

叶圣陶琐谈《诗》

新文化运动伊始，全国各地期刊纷起，唯缺少一本专门刊载新诗的刊物。1922年元月，《诗》在上海诞生，《诗》月刊是我国第一份专载新诗、译诗和诗评的杂志。

在《诗》即将创刊时，叶圣陶和刘延陵商量在一些报刊上作些宣传，为新诗呐喊，为《诗》创刊造势。叶老曾谈道，他用笔名在《文学旬刊》上连续发表了四篇短论。叶至善在《父亲长长的一生》中介绍了这四篇短论，“《就是这样了么？》，说新文化运动不该像潮水似的出现低潮，不该才出了一两种杂志就感到满足。《盼望》，说在报纸上看到《诗》将创刊，盼望这个刊物能向人们解释清楚，什么是诗，能唤起许多新诗人，来供给人们精神上的必需品。《骸骨的迷恋》，据理驳斥了东南大学《南高月刊诗学研究号》对新诗的挑衅性攻击，他们反对博采新鲜的口语和自由的形式，认为只有搬弄旧辞藻，遵守老格律，拼凑出来的才可以称作诗。《对鹦鹉的箴言》，希望写诗的人，能唱出自己心底的真切呼声，不要跟着已经成名的少数新诗人鹦鹉学舌。”（叶至善：《父亲长长的一生》，江苏教育出版社，2004年）

《诗》问世前，叶圣陶在上海报纸上写了《诗》创刊预告。1921年10月18、19、20日，连续三天，上海《时事新报》副刊《学灯》刊登了叶圣陶写的《〈诗〉底出版底预告》，形式很特别，是用一首短诗写的：

旧诗的骸骨已被人扛着向张着口的坟墓去了，
产生了三年的新诗还未曾能向人们说话呢。
但是有指导人们的潜力的，谁能如这个可爱的婴儿呀？
奉着安慰人生的使命的，谁又能如这个婴儿的美丽呀？
我们拟造这个名为《诗》的小乐园做他的歌舞养育之场，
疼他爱他的人们快尽他们的力来捐些糖食花果呀！*

本刊一月一期。创刊号明年一月一日出版。来稿欢迎，请寄本报《学灯》转新诗社。

这则预告其实是《诗》月刊的“征稿之诗”（叶圣陶语）。

创刊号1月15日出版，月刊，第1卷五期。第2卷于次年4月15日始，出两期，共七本。每期发行约千余份。创刊号两个月后曾再版一次。

《诗》在倡导新诗上颇有功绩。它的撰稿人有胡适、刘半农、周作人、沈雁冰、郑振铎、俞平伯、朱自清、叶圣陶、王统照、郭绍虞、刘延陵、顾颉刚、康白情、冯文炳（废名）、徐玉诺、汪静之、冯雪峰、潘漠华、应修人等人。阵容宏大，推动新诗发展，影响深远。

《诗》的创刊号版权页上注明“编辑兼发行者”是“中国新诗社”，叶老说，这是虚设的，并非真有这么一个实际存在的文学组织。《诗》的编者，或“中国新诗社”的成员，就是朱自清、叶圣陶、刘延陵三人。实际负责编辑工作的是叶、刘。编辑者除选定编好稿件，每期还要分头将刊物分发给作者和读者，写信封、贴邮票等一切杂务。《诗》第3号、第4号封二上刊登的记者所写《投稿诸君鉴》中说：“本刊系我们三数同志所办”，“今请以后诸君惠稿，都寄苏州角直叶圣陶收，或杭州第一师范转刘延陵收”。第4号收稿处为“苏州大太平巷五十号叶圣陶；杭州第一师范转刘延陵收”。第5号又申明“收稿处——苏州大太平巷五十号叶圣陶；杭州第一师范转刘延陵”，第2卷第1号收稿处仅“上海闸北永兴路八十八号弄内第四家叶圣陶”。朱、叶、刘都是文

1921年末，俞平伯先生行将渡洋赴美考察教育，叶圣陶与朱自清、许昂若在杭州与之饯行时合影。从左往右依次为：许昂若、叶圣陶、朱自清、俞平伯

学研究会会员。1921年秋，朱、叶、刘同任教于上海吴淞中国公学中学部，朱与刘是苏北老乡，早就要好，朱自清来吴淞公学中学部任教，是刘延陵介绍来的，叶圣陶是学校聘请的，没有人介绍。经朱的介绍，叶、刘相识。出于对新诗的共同爱好，他们商定办一个专刊新诗的杂志。秋末，他们去找上海中华书局编辑部负责人左舜生（左也写新诗）洽谈，书局允诺承印，但不给稿费，每期仅送刊物部分。（编者曾在刊物上公开讲明："本刊每期出版，中华书局都以数十册交同人分赠投稿诸君；同人所能报答诸君盛意者不过如此。"）

创刊时，编者未署"文学研究会"，是因为酝酿办这个刊物，不是文学研究会研究决定的，而是凭几个人的兴致弄起来的。第4号起编者改为"文学研究会"，据叶圣陶回忆，这是郑振铎的动议。郑振铎是文学研究会最初的发起人，叶圣陶是文学研究会正式成立时的十二位发起人之一。在成立会上，郑当选为书记干事，以后一直由他经管会务。新诗当时颇遭守旧派的非难，郑振铎所编文学研究会的《文学旬刊》为新诗大声呐喊。《诗》办起来了，有相当的影响，编者和多位作者又是

投稿諸君鑒

本刊因前兩期中沒有申明投稿地點，所以以前惠稿諸君，有的所惠寄之稿我們並未收到，有的乃由中華書局編譯所轉折寄來。我們對於辦事的疏忽非常抱歉！今請以後諸君惠稿，都寄蘇州甪直葉聖陶收，或杭州第一師範轉劉延陵收。又本刊每期出版，中華書局都以數十冊交同人分贈投稿諸君；同人所能報答諸君盛意者不過如此，這尤是同人所萬分抱歉的！

（記者）

《诗》月刊的征稿启事

文学研究会的成员，将它改为“会刊”，加强新诗的阵地，是顺理成章的事。第 4 号编者写的《读者赐览》中说：“现因本刊创办人都是文学研究会底会员，故大家协议，将本刊作为文学研究会定期出版物之一。”从 1 卷第 4 期起版权页编者署为“文学研究会”，为郑重起见，版权页上还贴了文学研究会版权印花，印花上注明“文学研究会版权所有”。第 5 号封面上标明“文学研究会定期刊物之一”。署为文学研究会办之后，编者想增强论争性，第 4 号《编辑余谈》中说：“《学衡》杂志里常常有反对新诗的文章，有许多，已经被《文学旬刊》驳过。最近《学衡》第 6 期里又翻译了美国某教授底一篇《论新》，其中也说到新诗。本刊第 5 期里将有一篇文字和他为有趣味的商酌；不妨在此预告一声。”可惜，由于“作者患病”，第 5 号未见这篇文章。

叶老说，《诗》创办虽是几个人办起来的，但绝不是同人刊物，只刊我们几个人的作品，虽然后来编者署文学研究会，是文学研究会定期刊物之一，但也绝不是只刊文学研究会会员的作品。《诗》的编者在第 1 卷第 4 号上就公开表明了这一心迹：“我们并不愿意专门把自家几个朋友底稿件颠来倒去地登载；如果读者有佳妙之作寄来，我们总当尽先采用。”有言，有行。是期卷首发表了几位陌生作者的作品，编者说“我们故意把这些新的投稿者底作品编在头上，用以表示我们的热烈的欢迎”。

叶老说，《诗》终刊，没有什么特别的原因。人手少，原来的几位都分散到各地了，基本上就我一个人在支撑，而且我又有新的单位要去服务，加上好的稿件来源不足，经济上也拮据，不仅作者无稿费，做编辑等杂务事所用也自费，难以继续，所以办完《诗》第 2 卷第 2 期后就自动停办了。

我对朱自清、叶圣陶的创作业绩还算了解，对刘延陵却知之甚微。我向叶老讨问刘延陵的情况，叶老说，“在办《诗》期间，我同刘联系较多。延陵说他的祖籍是安徽皖南旌德的，先辈才移居到江苏泰兴。我们三人年龄相差上下。编《诗》刊过程中，刘做了许多实际工作。”朱自清1935年在编选的《中国新文学大系·诗集》中对刘有过评介，他叫我看看，朱自清在《选诗杂记》中谈到《诗》创刊时说，“几个人里最热心的是延陵，他费的心思和工夫最多。”叶老还说，延陵当时在新诗作者中有影响，发表了不少新诗和翻译外国诗的作品。朱自清在《中国新文学大系·诗集》中，就收录过刘延陵的新诗（经查系为《海客的故事》和《水手》二首——作者注）。阿英在编选的《中国新文学大系》《史料·索引》集《作家小传》部分中，在介绍为数不多的作家中，就有对刘延陵的简介：“刘延陵，文学研究会干部、诗人。江苏人。所作诗大都发表于《小说月报》、《诗》、《文学周刊》。”叶老有点高兴地说，他也喜欢刘的诗，特别是他的一些小诗，上世纪30年代的中学课本几乎都选有他的诗，最常见的是那首十一行不足八十字的《水手》。叶老曾写过《刘延陵的〈水手〉》。叶至善拿出叶老的《文章例话》给我看，书是1937年2月由开明书店出版的。叶圣陶1936年12月20日在该书《序》中说，“今年《新少年》杂志创刊，朋友说其中应该有这么一栏，选一些好的文章给少年们读读”，“栏目叫作文章展览。现在汇编成这本小书，才取了《文章例话》的名称。”《例话》评介的“好文章”依次有朱自清的《背影》、夏丏尊的《整理好了的箱子》、茅盾的《浴地速写》、俞庆棠的《一封公开信》、巴金的《朋友》、鲁迅的《看戏》、徐志摩的《我所知道的康桥》、刘延陵的《水手》、周作人的《小河》、丰子恺的《现代建筑的形式美》、苏雪林的《收获》、赵元任的《科学名词跟科学观念》、胡适的《差不多先生传》、夏衍的《包身工》、郭沫若的《痈》、沈从文的《辰州途中》、韬奋的《分头努力》、丁西林的《压迫》、萧乾的《邓山东》、老舍的《北平的洋车夫》、蔡元培的《杜威博士生日演说词》、徐盈的《从荥阳到汜水》、胡愈之的《青年的憧憬》、尤炳圻的《〈杨柳风〉序》。叶老说，《诗》的头几期部分是延陵负责编的，后来他兼职工作忙，参加的具体编辑工作就渐渐少了，有时寄点作品来，甚至没有了，后几期肯定是我负责编辑的。能确认，《诗》最后两期（即第

詩
一卷一號

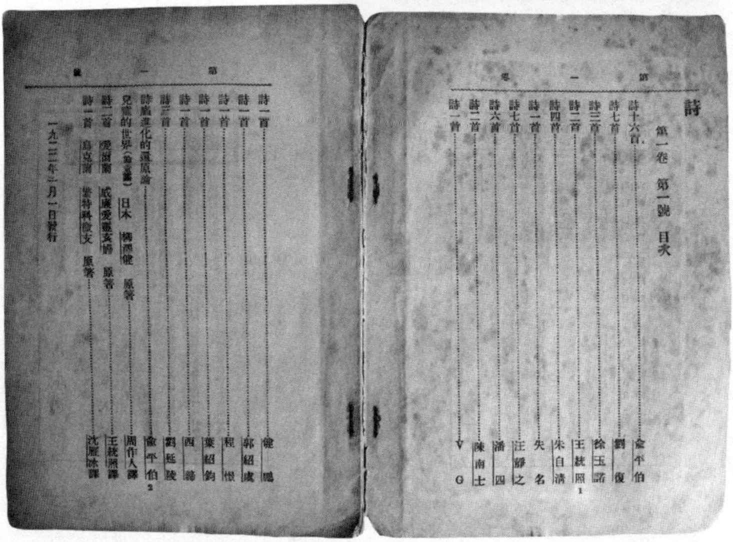
詩 第一卷 第一號 目次
詩十六首……俞平伯
詩七首……劉復
詩三首……徐玉諾
詩二首……王統照
1
詩四首……朱自清
詩一首……失名
詩七首……汪靜之
詩六首……潘四
詩二首……陳南士
詩一首……V G
詩一首……健鵬
詩一首……郭紹虞
詩一首……程憬
詩一首……葉紹鈞
詩一首……西諦
詩三首……劉延陵
詩底進化的還原論……俞平伯
2
兒童的世界(論文摘譯) 日本 柳澤健 原著……周作人譯
詩二首 愛爾蘭 威廉愛藍哀靈 原著……王統照譯
詩一首 烏克蘭 [illegible] 原著……沈雁冰譯
一九二二年一月一日發行

《诗》创刊号封面及目录

2卷第1号，第2卷第2号）的《编辑余谈》是叶圣陶写的（现已收入江苏教育出版社出版的《叶圣陶集》第18卷广告集中）。后来刘延陵漂泊南洋，后又听说他定居在新加坡，和他的联系也就少了。

1979年末至1980年，我为上海《解放日报》写“艺文轶话”专栏，1980年9月就有专门介绍《诗》月刊的《我国第一份“诗刊”》，又陆续写了《诗的欢喜》，评介了《诗》刊的作者——诗人陈南士，再有《徐玉诺与散文诗》，诗人徐玉诺也是《诗》的作者。在写作过程中曾几次向叶老请教过《诗》创办的情况，文章出来后叶老又多次向我谈起《诗》。由于该报规定专栏每篇字数在千字左右，所以叶老所谈的一些珍贵的内容本该写而未能写进去。1985年，上海书店准备影印出版《诗》，书店考虑请一位创办《诗》的主要成员写篇序，朱自清先生1948年已逝世，叶圣陶先生又久居医院，难以动笔，斟酌再三，最后决定烦请九十一岁高龄的刘延陵先生，刘延陵先生终于答应了，并于1985年10月在新加坡写就。他在序中说，“我终于决定写写看，姑且谈谈这个刊物的出版始末。倘若回忆中有记错了的，要请阅者原谅。”关于《诗》的创办，他在序中追忆说：

> 这个刊物大概是1922年1月里创刊的。
>
> 早一年的9月里，朱、叶两兄和我一同在上海吴淞某中学教书。吴淞滨江而近海，风景与城市大不相同。我们三个都是过惯城市生活的；那时我们日日看见的，无非是大都会里人群紧张拥挤来来去去的情形。一旦换了一个模样完全相反的环境，而与大自然中恢宏阔大的景象早晚相见，我们便像生活在另一个世界里面，而有一种新颖而兴奋的情绪在胸中激荡。后来我们匆匆地决定出版一种专载新诗的刊物，也与其时我们的这种情绪不无关系。……
>
> 有一天下午，我们从海边回学校时，云淡风轻，不冷不热，显示得比往日尤其秋高气爽。因此，我们一路上谈兴很浓；现在

我已不记得怎么一来，我们便从学校里的国文课谈到新诗，谈到当时缺少专载它们的定期刊，并且主张由我们来试办一个了。

那时我们都才二十几岁，回到学校后，马上写了一封信寄给上海中华书局的经理，征求该书局为我们计划中的刊物担任印刷与发行。几天后接到回信，邀我们于某一时刻，访问该书局编辑部的左先生，谈商一切。我们如约而往，谈了一小时就达成协议，规定这个刊物为三十二开本的月刊；用上文已述的名号；每期最少与最多若干页；创刊号于下一年元旦发行，其他各期也于各月的首日印成；我们负责编稿，中华书局负责印刷与发行。

我们在得到上述的支持之后，就设法在上海《时事新报》的《学灯》版上登了一条新闻式广告，宣布《诗》月刊出版的日期，并且征求投稿。两三周后，就陆续收到外界响应的稿件了。

那一年学校放寒假时，我们三个人都离开吴淞，准备各到一个新地方去服务。但是那个月刊却必须如期出版哩。它开头的若干期是我编的。那时我已回到杭州，在原来工作过的那个学校里效劳。我的职务很忙，又在另一个学校里兼课，所以我用于《诗》月刊的时间是很少的。现在每次有人对我提起它时，我的心中深处都是对它很抱歉的。它出到某期时，我又远行；以后关于它的情况，我现记不清楚了。

刘延陵先生于1988年10月18日在新加坡谢世，享年九十四岁，他生前欣慰地看到了《诗》的影印本出版。

《诗》影印本出版后，叶老在病中见到了，至善说，刘的序读给父亲听了，父亲说，“看来延陵身体还好，能回忆起那么多往事。我们几个人在一起为诗坛所做的只是一点小事。”

* 注：这首诗在《诗》月刊第1卷第4号上发表时，小有改动。

《倪焕之》与侯绍裘

顷读经济学家许涤新著《百年心声》（三联书店，1979年）想起了这个题目。

该书中说："侯绍裘同志被蒋介石反动派杀害。叶圣陶与侯友善；为纪念侯，作小说《倪焕之》，书中主人公，即绍裘同志。"

这个说法，以前曾有过。其流布之广，甚至影响到侯的子女。急得小说作者叶圣陶不得不出来公开说明初衷了。

其实，叶圣陶早就著文公开说明了他和侯绍裘同志的过往，他在1950年3月27日作的《纪念侯绍裘先生》（刊同年4月9日《解放日报》）文中说：

> 绍裘先生在交通大学上学的时候，因为参加革命组织，鼓动学生运动，被开除出来。后来在松江创办景贤女子中学，提倡妇女解放。同时由于共产党与国民党的合作，他在国民党江苏省党部工作，努力宣扬三大政策。没有多久，国民党省党部从松江迁到上海办公，他就应上海大学的聘请，担任附中主任，同时又在上海设立景贤女子中学分校，竭力培养革命干部。在1925年的五卅运动中，在1926年末和1927年初的上海三次起义中，他都积极参加。他把教育跟革命结合起来，办教育不是无所为而为，为的是革命。革命干部越多越好，培养干部当然要靠教育。这种思

想，现在近乎常识了，可是在二十多年前，恐怕只有真正忠于革命的人才了解。

我在景贤分校担任教员，开始跟绍裘先生相识。过从并不甚密，可是从目见耳闻的一些事，也足以知道他为人的大概。

大概就因为他对于敌人绝不宽容，反动派恨透了他，非把他杀了不可。在他们反叛革命的前夕，罪恶的阴谋布置就绪的时候，他就在南京失踪，牺牲了。

我了解绍裘先生并不多，不足以写叙他，表扬他。他的同志他的深交应该多多写些。

叶老在1958年2月16日作的《英译本〈倪焕之〉序》中又说："当年我写这本小说，也曾经想到这样的任务。但是我的规模太小了，只写了时代潮流中极少数几个知识分子，他们的生活和思想感情。"

1979年5月号《文艺报》所刊拙文《忆"五四"，访叶老》一文中有段记述："叶老强调说，写小说不是写日记，不是写新闻报道，如果说小说中的某人就是谁，小说中的细节都跟当时的情景一模一样，那就不对了。叶老这几句是有感而发的。《倪焕之》是我国现代文学史上一部名著……有的研究者认为这是一部自传体小说，叶老不同意这种意见。我不止一次听他说过，《倪焕之》描写的内容是有生活依据的，但绝不是他个人生活经历的实录，是艺术创作，而不是日记。"同年11月7日，叶老又说，有人认为《倪焕之》中的主人公倪焕之写的是侯绍裘，这不对。他说，他是认识烈士侯绍裘的，小说的素材中也有侯的影子，但《倪焕之》并不是为纪念侯而写的，书中更没有一个人物是侯的实录。他写《倪焕之》是想说明：教育革命单靠知识分子不行，还是要靠革命者，所以在小说中引进了一个革命者形象王乐山。但王乐山也不等于侯绍裘。叶老在1978年4月写的《倪焕之》新版后记中明白说道："倪焕之是个小资产阶级知识分子，免不了软弱和动摇。他有良好的心愿，有不切实际的理想，找不到该走的道路。在那大变动的年代

《倪焕之》初版封面

里，他的努力失败了，希望破灭了，只好承认自己不中用，朦胧地意识到：将来取得成功的‘自有与我们全然两样的人’。”叶老还说到当年写作这部小说的情况。他说：“《教育杂志》实际编辑人是周予同。周主张杂志连载小说，叫我写，因我有点教育界的经历、感受，于是答应下来，被逼上马。七八天写一个段落，以‘教育文艺’名目，连载十二期。从1928年1月动手，11月15日作毕。”

《倪焕之》是叶圣陶唯一的一部长篇，影响深广，建国前刊印了十三版，建国后印行多次。关于单行本初版年月过去一般误为1930年，实则1929年8月开明书店就有初版问世，三十二开本，署名叶绍钧。初版附有三篇文字：卷首夏丏尊的序言《关于〈倪焕之〉》和叶圣陶的《作者附记》，末有茅盾的《读〈倪焕之〉》。茅盾的这篇评论发表在1929年7月的《文学周报》8卷20期上，他推重《倪焕之》是近十年来的“扛鼎之作”：“这样‘扛鼎’似的工作，如果有意识地继续做下去，将来我们大概可以说一声：‘五卅’以后的文坛倒不至于像‘五四’

叶圣陶在题写

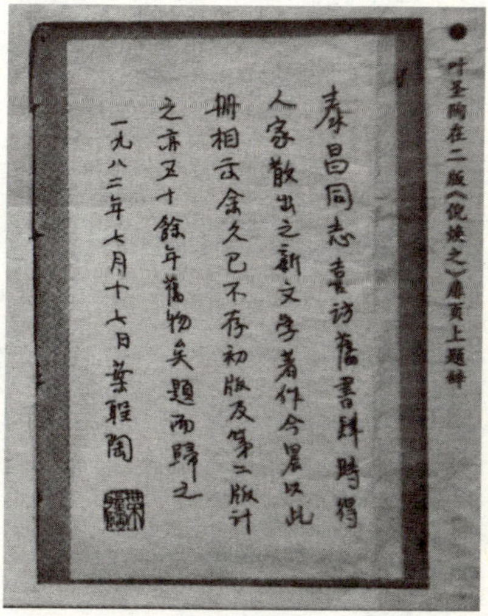

叶圣陶在二版《倪焕之》扉页上题辞

泰昌同志專訪舊書肆時得人家散出之新文學著作今晨以此册相示余久已不存初版及第二版計之亦五十餘年舊物矣題而歸之

一九八二年七月十七日葉聖陶

叶圣陶在作者所藏二版《倪焕之》扉页上的题词

时代那样没有代表时代的作品了。”

我有爱淘旧版书的爱好，希望能淘到《倪焕之》的初版本。1982 年，有次吴强同志请我在上海城隍庙吃小吃，饭后在旧货摊上，意外地购得一本叶圣陶的《倪焕之》。这部长篇小说由上海开明书店 1929 年 8 月初版，次年 4 月再版。我所得的是再版本。我将它送给叶圣老保存，叶圣老说他不收存自己著作的版本，当即在书的卷首写了几句话，因钢笔墨水过浓，他又用纸另写了一遍，贴在扉页上将书送还给我。他写道：“泰昌同志喜访旧书肆，今晨以此册相示，余久已不存初版及第二版，计之亦五十余年旧物矣，题而归之。一九八二年七月十七日　叶圣陶”

1980 年叶至善动手将长篇小说《倪焕之》改编成电影剧本，他说有电影厂欲改编，别人改，不如自家改。大约年底月初，至善完成了改编的电影剧本，给我看过，并托我送了一份给夏衍请他审阅，叶老在日记中记载了这件事：“忽至善以其所撰电影剧本《倪焕之》交来，要余过目。言恐余谓不值得写，阻彼勿写，故未敢声言。此稿全家人除兀真外均看过，欧阳与吴泰昌亦看过，且请夏衍审阅，夏衍谓甚好，且提出修改意见。至善又谓此一题材恐总有人欲编剧本，他人编不如由彼编，或可不至太不像样。余闻其言，只得说余亦不欲扫彼之兴，全稿自当过目。全稿二百页有余，迄傍晚，看其四十页。”剧本曾在一家杂志上发表过，大概是因为资金的原因剧本最终并未拍摄成电影。

未厌居里说“未厌”

我的业余爱好本来就单调。以前，常去琉璃厂碰碰运气，淘点新文学的旧版书，往往是败兴而归。有一次竟喜出望外地从某单位图书资料室处理的旧书中，购得了七八本。其中之一，是署名叶绍钧（叶圣陶）先生的《未厌居习作》。叶老有短篇小说集《未厌集》，1928年12月商务印书馆出版，文学研究会丛书之一。我在北大听王瑶老师讲授中国现代文学史时从图书馆里借阅过。1935年开明书店的《未厌居习作》是散文集，却不曾读过。相隔七年，何以作者又给这本散文集取名《未厌》？1978年春末，我手捧喜得的这本《未厌居习作》，去看望八十四岁高龄的叶老，请他“破题”。他在客厅沙发上，来回翻看，我以为叶老手头保存短缺，就说送他，他说谢谢，拿着书回西耳房卧室去了。当我和叶至善夫妇聊完正要拔腿走时，叶老又来到客厅：“你爱藏书，这本旧物，还是归你。”说着，将用报纸包好的书交我。这个报纸包多年就一直放在我的书堆里。

最近天寒，感冒了十来天，实在难得走动。叶老过世多年了，非常怀念这位人品极高、给予一代又一代文学后辈许多实际帮助的长者。我在翻阅《叶圣陶集》第五卷中的《未厌居习作》时，自然想起卅年前我买的这个集子的单行本。我想看看究竟我的这本与该卷所收的有何不同。当我翻开书的第二面，猛然见到用毛笔清晰写下的密密麻麻的一段话，原来叶老当年就回答了我的不解。

这一册的初版本，扉页之后还有一面，说明未厌二字的用意，不多的字样，成小字块，不记得为什么第四版去掉了。取名未厌，有两点意思。当时有人说我厌世，我自以为未厌，这是一点。厌字跟餍字相通，写下的这些习作我并不满意，这是又一点。现在写在这儿，以就泰昌同志雅属。

一九七八年四月二十四日

叶圣陶

我手头没有《未厌居习作》初版本，一时无法查找叶老的扉页之后写的有关“未厌”二字用意的字样。而我在《叶圣陶集》中也没有见到。我倒是在短篇小说《未厌集》附录所收“前言”中见到了说明“未厌”二字用意的不多的字样：

厌，厌足也。作小说虽不定是什么甚胜甚盛的事，也总得像个样儿。自家一篇一篇地作，作罢重复看过，往往不像个样儿。因此未能厌足。愿意以后多多修炼，万一有使自家尝味到厌足的喜悦的时候吧。又，厌，厌憎也。有人说我是厌世家，自家检查，似乎尚未厌世。不欲去自杀，这个世如何能厌？自家是作如是想的。几篇小说集拢来付刊，就用“未厌”二字题之。一九二八年十月二十六日。(《叶圣陶集》第2卷，江苏教育出版社，2001年)

至于叶老为何在“未厌居”之后又加“习作”二字，用《未厌居习作》作为这本散文集的书名，他在书的自序中也有说明：

我常常想，有志绘画的人无论爱好什么派别，或者预备开创什么派别，他总得从木炭习作入手。有志文艺的人也一样，自由自在写他的经验和意想就是他的木炭习作。无奈我们从前的国文教师不很留心这一层，所出题目往往叫我们向自己的经验和意想以外去找话说，这使我们在技术修炼上吃了不小的亏。吃了亏只有想法补救，有什么经验就写，有什么意想就写，一方面可以给人家看看，一方面就好比学画的描画一个石膏人头。即使没有大

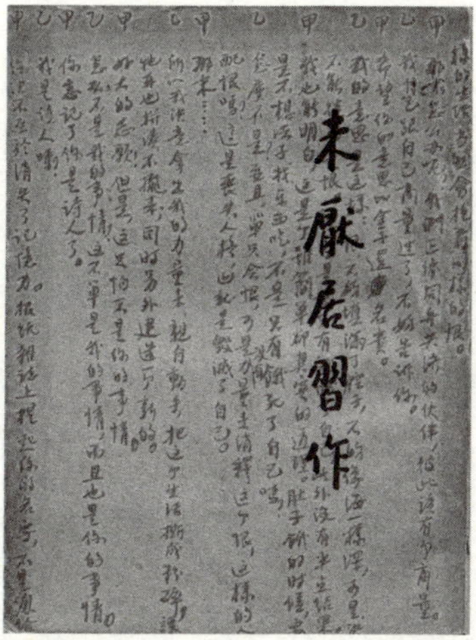

《未厌居习作》初版封面

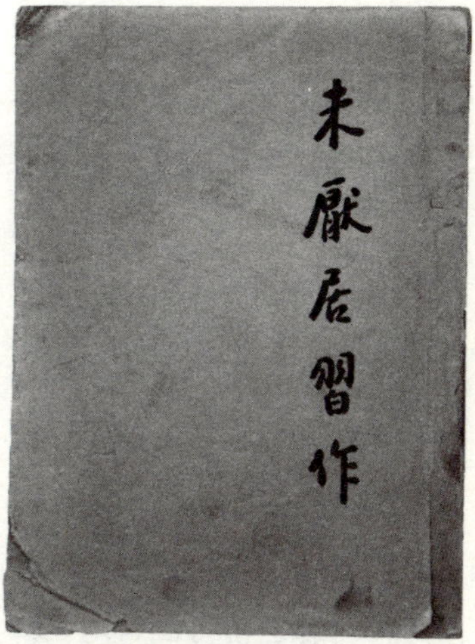

作者所藏二版《未厌居习作》

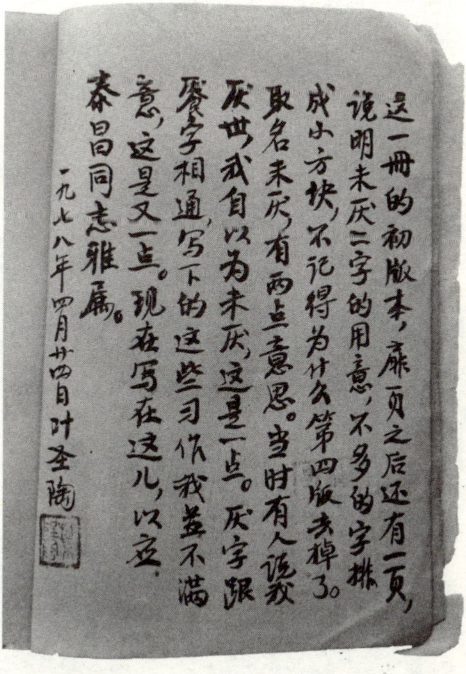

叶圣陶在作者所藏二版《未厌居习作》扉页上题词

的野心，不预备写什么传世的大作，这样修炼也是有益的。能把自己的经验和意想畅畅快快地写出来，在日常生活上就有不少的便利。我是存着这种想头写这些散文的，所以给这一本集子取了个“习作”的名称。

叶老倡导为人生的艺术，他关注民众，用现实主义手法描写普通的农民、知识分子抗争的命运，是其早期创作的基调。叶圣陶有明确的生活态度，是一位认真的有骨气的人。但他有自己的处事方式。他用取书名破题公开声明不厌世，这只是希望“君子”不要误解他。

1988年叶圣陶过世后，在改革开放的年代，叶老的一些旧著不断重印，日益受到读者的喜爱。叶绍钧著《未厌居习作》作为典藏开明书店版名家散文系列之一，由中国青年出版社于1995年11月出版，2012年11月中国青年出版社又以老开明原版名家散文系列之一将《未厌居习作》加以豪华装潢出版。

叶圣陶的心没离开过教育

新年一过，春节的气氛一天浓似一天。晚上，鞭炮声远近四起，我突然想起，叶圣陶老先生 1982 年元旦期间有次谈到，中国人很看重春节，并说七十年前，他就是这个时节，在鞭炮声中，开始踏上教育之路的。

“作家不是我的职业”

叶老是我国现代著名作家，文学研究会发起人之一。他对新文学贡献卓著，不仅创作了《倪焕之》、《稻草人》等名篇，还通过编辑《小说月报》等期刊，培育了几代文学青年，但是叶老本人却多次说“作家不是我的职业”，“如果有人问起我的职业，我就告诉他：第一是编辑，第二是教员”。

掀开叶老的经历册页，这也是事实：1912 年初，他在苏州公立中学毕业，由校长介绍在当地干将坊言子庙小学当教员。1917 年春，他在甪直镇吴县县立第五高等小学任教三年左右。叶老说：“我真正的教书生涯是从甪直开始的。”他怀念 1921 年在杭州浙江第一师范执教的几个月生活，在那里，他与朱自清结下了深厚的友情。那一个除夕之夜，他们同在一个宿舍里秉烛畅谈。在建国前的三十几年中，叶老教过小学、中学，也教过专科学校和大学。如果以时间算，叶老从事出版事业的年头比教书要长得多。他曾先后在商务印书馆和开明书店当编辑。主要编的是中小学课本和青少年课外读物，包括书籍和期刊。叶老虽然离开了教员的岗位，从工作的性质上看仍旧没有离开过教育事业。建国后，德高望重的叶老虽然依旧受到文艺界的推崇，但他的工作岗位和主要精力，却仍然在教育方面。1949 年初，他离开上海，经香港辗转来到刚刚解放了的北平，主持中小学教科书编审工作，旋即以教育界代表的身份参加了第一届全国政治协商会议。新中国成立，叶老任出版总署副署长，主管教科书的编辑出版工作；人民教育出版社创建，叶老兼任社长。1954 年 9 月，出版总署撤销，叶老任教育部副部长，仍主管人民教育出版社。后为教育部顾问。可见七十年来，叶老的心一直没有离开过教育事业，堪称我国教育的一代宗师。他在文学上的成就，都是在教员和编辑本职工作之外的收获。

教育家与作家

叶老对教育事业的热爱，他长期的教育生涯，使他的创作具有有别于其他作家的鲜明特色。

文艺是教育的工具，叶老年轻时，这个概念就在他心里生了根。五四文学革命时期，他参加主张“为人生而艺术”的文学研究会绝不是偶然之举。他在甪直教书时，就利用文艺对学生进行爱国主义和反封建的教育。他曾把都德的《最后一课》和莫泊桑的《两渔夫》等小说列为爱国教育课。他还指导学生把《荆轲刺秦王》改编成戏剧上演，吸引了校内外的男女老少。五四运动的消息传至甪直，叶老连夜和同事们策划如何响应。翌晨，他在学校召开的“五四宣讲会”上，带头振臂疾呼“外争国权，内惩国贼”！为了使点燃起来的学生爱国热情持续下去，他创办了文艺周刊《甪声》，用以传播新文化、新思潮。1921 年 11 月初，叶老冒着初冬的寒意，来到杭州，在具有光荣革命传统的浙江第一师范任教。该校进步学生冯雪峰、潘漠华、魏金枝、汪静之等人，先后组织晨光文学社、湖畔诗社，出版刊物，请叶老和朱自清作顾问，叶老给予热情的指导。1922年初春，叶老和朱自清、刘延陵等创办了我国新诗的第一份诗刊——《诗》，其中刊登了不少文学青年的诗作。

叶老在新文学初期写了不少小说，最早的短篇集叫《隔膜》，其中有好些篇是以教育问题为题材的。叶老在谈起他最初写小说的缘起时说，他当过不少年教员，对教育界的情形比较熟悉，有不少人物活跃在自己的记忆里，不幸的是，用他的教育理想来对照现实，发现旧社会的教育界有许多不合理的现象，使他不满意，因而想提笔来讽喻它一下，在讽喻之中寄托自己的希望。叶老的这番话，很有助于我们这样的读者把握他这类小说的精神。

《倪焕之》是叶老唯一的一部长篇，也是五四新文学运动以来最早的一部长篇。这部小说写成于大革命失败后的次年，以教育为题材，谈教育和革命问题的。主人公是年轻的知识分子倪焕之。倪焕之对教育事业充满理想，天真地以为只要把孩子教育成他所憧憬的人，就可以收到移风易俗、改革社会的效果。可是生在那个恶势力横行的时代，倪焕之的理想被残酷的现实粉碎了。小说说明了教育代替不了革命，革命也不能单靠知识分子，革命要付出血的代价，道路是坎坷曲折的。《倪焕之》的问世，震动了当时的文坛，其思想之深刻，结构之严密，刻画人物之细腻，备受赞赏。茅盾称《倪焕之》为近十年来“描写了广阔的世间”的“扛鼎之作”。柳亚子高度评价叶圣陶敢于真实地记录时代风云的胆识与才华，说《倪焕之》是讴歌革命先驱的“楚骚”和“魏使”。夏丏尊称《倪焕之》不但在作者的文艺生活上是划一时代的东西，在国内的文坛上也可以说是划一时代的东西。

叶老不仅致力于写以教育为题材的作品，而且也在孜孜摸索更宜于少年儿童接受的文学样式。叶老是我国第一位写童话的作家。1918年秋天，叶老参加了提倡“批判的精神、科学的主义、革新的文字”的

叶圣陶在人民教育出版社与吕叔湘（左）、张志公（右）讨论教育问题

北大新潮社。叶老和王伯祥（王钟麒）在《新潮》创刊号上发表了《对于小学作文教授之意见》一文，叶老根据自己小学国文教学的体会，认为要传播新思潮，必须改革儿童读物。他认为儿童应该从艰涩难懂的古文读物中解放出来，创造儿童乐于阅读的新文体。叶老有两个童话集：《稻草人》和《古代英雄的石像》，在建国前是少年儿童喜爱的读物，集子中的有些篇至今仍被选进中小学语文课本。叶老的童话，起初着重于培养孩子们的美和善的情操，随着作者思想和对社会现实观察的日益深刻，他的童话中的社会现实成分越来越多。叶老对我国童话的发展功绩很大。鲁迅这样称赞过叶圣陶的儿童文学作品："叶绍钧先生的《稻草人》是给中国的童话开了一条自己创作的路的。"

青年读者的益友——《中学生》

叶老为中小学生编语文课本，费去了大量精力。上世纪 30 年代之后，他创作数量赶不上 20 年代，与此不无关系。叶老编的几部语文课本，都是与几位朋友合编的，如夏丏尊、朱自清、宋云彬、吕叔湘先生。他们在课文的选取上不断改革，使之特色鲜明，长期为教育界所欢迎。1933年和1934年出版的《开明小学国语课本》，全十二册，所有的课文和练习都是叶老一人编写的，丰子恺先生插图。这套课本文艺性强，难易适度，又多联系孩子们熟悉的生活，学校普遍采用，反应很好。叶老为了帮助青少年写好文章，还写了不少这方面文章，其中最著名的就是与丏尊先生合著的《文心》，副题是“读写的故事”。叶老有一本《文章例话》，选了新文学运动以来有影响的体裁不一的二十四篇作品，逐一加以精彩的剖析，对爱好文学的青少年欣赏文学作品、提高写作能力大有助益。

在谈到叶老为青少年编过的刊物时，不能不介绍其中影响最大的《中学生》杂志。

开明书店出版的《中学生》，创刊于1930年1月。《发刊辞》中说：“本志的使命是：替中学生诸君补校课的不足；供给多方的趣味与

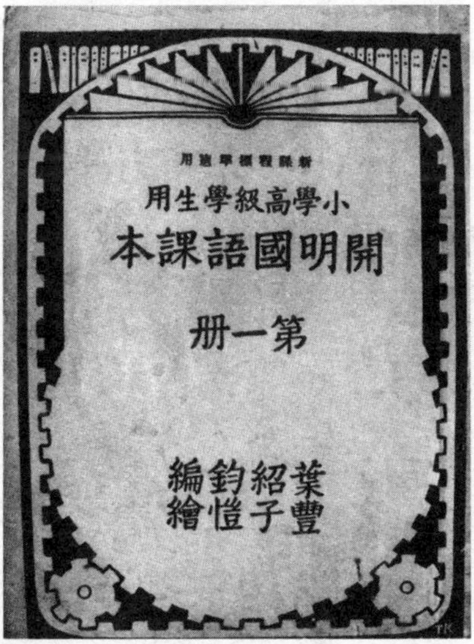

《开明小学国语课本》封面（叶绍钧编，丰子恺绘）

《中学生》创刊号封面

知识；指导前途；解答疑问；且作便利的发表机关。”当年读过这本杂志的人，多说它是自己的良师益友，既增长知识，又开阔眼界，懂得了社会人生的许多道理。刊物的编者虽然并非自觉地用马列主义观点去观察、回答现实中发生的种种问题，但这个刊物，在反对封建教育和法西斯教育，提倡爱国主义方面，旗帜是鲜明的。

刊物最初的编者主要是夏丏尊先生，1931年3月号起，由叶老编辑负责的时间最长。叶老接手编务工作时候，只有两人，除了他，还有一位助手，那就是他的夫人胡墨林先生。墨林先生早年和叶老在甪直一同任教。叶老在一次闲谈中说道，当时两个人编一种杂志并不显得吃力，组稿，发稿，校对，样样都做，晚上也不用加班加点。每期叶老几乎都有文章，如小说、散文、语文学习指导，他还要写编辑后记，写短评式的“卷头言”。

《中学生》内容丰富，以古今中外社会科学和自然科学知识见长。栏目多种，聘请著名学者撰文。编者还经常解答青少年关心的问题。1932年1月号，面对“九一八事变”后的形势，编者组织“贡献给今日的青年”专栏，约请鲁迅、茅盾、郑振铎、胡愈之、巴金等五十二人发表意见。

《中学生》每期有“卷头言”，就青年学生感受迫切的一些问题发表议论，如《罢课？复课？》、《理论与行动》、《出了校门以后》、《到农村去》等等，这些文章没有教训气味，编者和作者以平等的态度和读者对话，设身处地为他们着想，使他们感到亲切，受到启迪。

在当年的环境下，《中学生》能受到青年读者如此欢迎，实非易事，叶老在其中不知花了多少心血！

“多活几年，多做些事”

1982年，叶老已八十八岁，组织上和亲友都劝他以珍摄为重。但他对社会主义教育事业和文艺事业毫不懈怠。只要精力所及，他都尽力

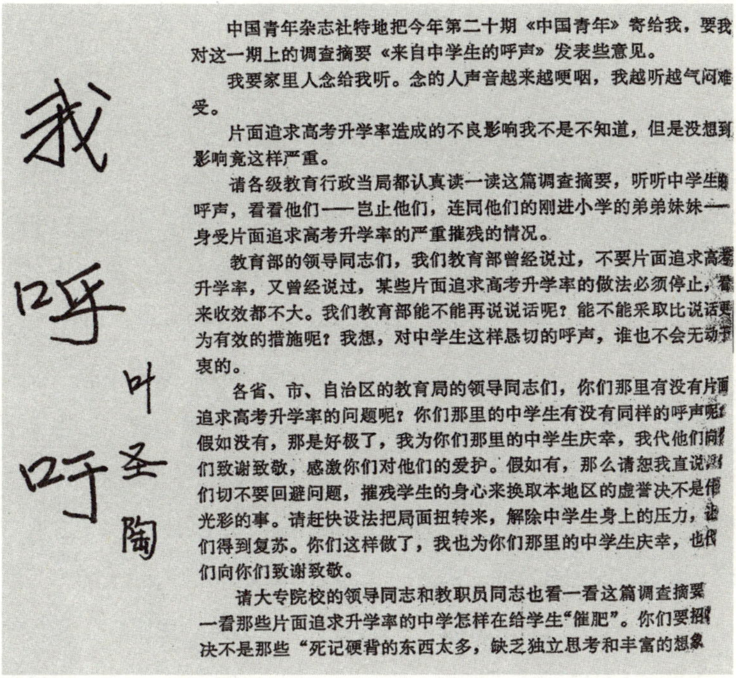
我呼吁

叶圣陶

中国青年杂志社特地把今年第二十期《中国青年》寄给我，要我对这一期上的调查摘要《来自中学生的呼声》发表些意见。

我要家里人念给我听。念的人声音越来越哽咽，我越听越气闷难受。

片面追求高考升学率造成的不良影响我不是不知道，但是没想到影响竟这样严重。

请各级教育行政当局都认真读一读这篇调查摘要，听听中学生的呼声，看看他们——岂止他们，连同他们的刚进小学的弟弟妹妹——身受片面追求高考升学率的严重摧残的情况。

教育部的领导同志们，我们教育部曾经说过，不要片面追求高考升学率，又曾经说过，某些片面追求高考升学率的做法必须停止，看来收效都不大。我们教育部能不能再说说话呢？能不能采取比说话更为有效的措施呢？我想，对中学生这样恳切的呼声，谁也不会无动于衷的。

各省、市、自治区的教育局的领导同志们，你们那里有没有片面追求高考升学率的问题呢？你们那里的中学生有没有同样的呼声呢？假如没有，那是好极了，我为你们那里的中学生庆幸，我代他们向你们致谢致敬，感激你们对他们的爱护。假如有，那么请恕我直说，你们切不要回避问题，摧残学生的身心来换取本地区的虚誉决不是什么光彩的事。请赶快设法把局面扭转来，解除中学生身上的压力，让他们得到复苏。你们这样做了，我也为你们那里的中学生庆幸，也代他们向你们致谢致敬。

请大专院校的领导同志和教职员同志也看一看这篇调查摘要，看一看那些片面追求升学率的中学怎样在给学生"催肥"。你们要招收的决不是那些"死记硬背的东西太多，缺乏独立思考和丰富的想象

1981 年 11 月 1 日，发表在《中国青年》第 22 期上的《我呼吁》

去做。他极为关心青少年的健康成长，经常在报刊上发表文章，提出青少年教育中存在的问题。前年他以《晴窗随笔》为题在《文汇报》连续发表文章，对“尊师爱生”、“考试”等问题发表议论。1981 年 11 月，他得知因片面追求高考升学率严重地损伤了学生的身心健康，在《中国青年》第 22 期（《人民日报》于同月 26 日转载）发表了辞意恳切的《我呼吁》，文中说：“爱护后代就是爱护祖国的未来。中学生在高考的重压下已经喘不过气来了，解救他们已经是当前急不容缓的事。”他要求教育界和社会各方面一同来纠正这种有悖于党的教育方针的不良风气。他的这一呼吁，受到中央领导和社会广泛支持。

叶老办事认真，一丝不苟，已成为美谈。同叶老接触过的人都能

举出实例，讲出自己在这方面的深切感受。赵景深在《文人剪影》中这样描述了叶老留给他的印象：“他的复信字迹工整，措词谦抑，……我们看他代编《小说月报》，主编《妇女杂志》和《中学生》，几乎没有一次不是用全力来对付的，一切琐碎的事，甚至校对，都由他自己动手。投稿人有信给他，如果是必须答复的，他也亲自写回信去。他的字迹圆润丰满，正显示出他那谦和而又诚实的心。”1982年元旦前后叶老住了几天医院，这次他染恙，与笔者有干系，使我负疚不安。1981年《文汇月刊》刊登了我的一篇拙作，是介绍弘一法师李叔同先生的。我很想听到叶老对拙文的批评。叶老视力不济，患有青光眼，看小五号铅字很吃力，原想请叶老次子叶至诚方便时念给他听，将叶老的意见转告我。岂料叶老如此认真，他说听一遍记不准，提不出具体的修改意见。于是戴上眼镜，又用放大镜，花了一天半时间，将这篇约五千字的文章仔细看了，并写了三张纸的修改意见。由于过于劳累，因眼疾引起其他病症，急得家人连夜请大夫。第二天清晨，我去看望叶老时，他叫至善将三张写满意见的纸交给我，我顿时感动得说不出话来。意见本身固然宝贵，更令人感动的是，叶老对后辈关怀的厚意。

春节一过，接踵而来的是又一个新春。1981年《长寿》杂志请叶老题词，叶老写了八个大字：“多活几年，多做些事。”

为何没有参加“左联”

1980年，在纪念“左联”（左翼作家联盟简称）成立五十周年的时候，想起叶圣陶没有参加“左联”的问题。我感兴趣并想探讨的是，为何在当时进步而又有重要影响的叶圣陶没有参加“左联”？如果我们知晓了最初参加“左联”的名单，发现并非都是党员，而且也并非都是知名者，那这个疑团就更使人不解了。

文化大革命前出版的几部现代文学史，没有对这个现象加以说明，叶圣陶也似乎没有作过解释。“释疑”则是始于文化大革命中。

那几年由于一再批判30年代党内“左”倾错误路线对左翼文艺的干扰，有人就指出：叶圣陶没有参加“左联”，是“左联”关门主义的一种表现。在这种情势下，有的当事人也只好顺此口径一再检讨，有的当事人却不同意这种解释，但也想不起当时没有邀请他参加“左联”的具体原因。

以前，有同志认为“左联”的关门主义也表现在排斥茅盾参加“左联”的问题上。后来茅盾和筹备“左联”主要负责人之一的冯乃超公开出来说明情况。实际是，“左联”成立时茅盾在日本，回国不久，“左联”就派冯乃超去商谈请他参加“左联”。

茅盾的说明给我以启发。我想起不妨去询问尚健在的叶圣陶。1979年11月24日下午当我向他提出这个问题时，他笑了笑，说：“我是没

1977年6月28日，胡愈之（左）、叶圣陶（中）、茅盾（右）参加阿英追悼会时在贵宾休息室留影

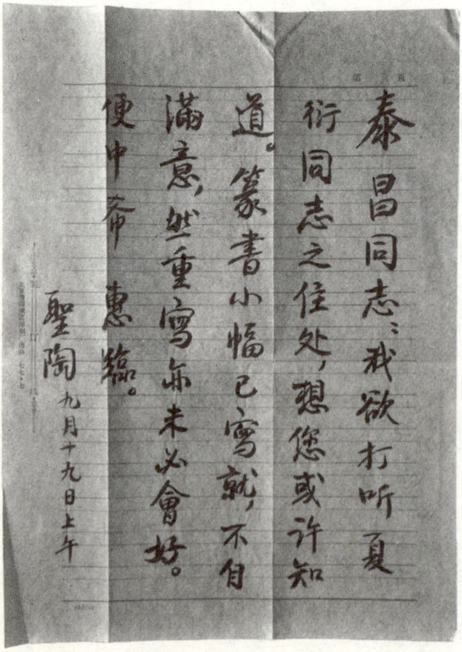

秦昌同志：我欲打听夏衍同志之住处，想您或许知道。篆書小幅已寫就，不自滿意，然重寫亦未必會好。便中希惠臨。

聖陶 九月十九日上午

“文革”后，为便于联络，叶圣陶急于打听夏衍的住处有参加‘左联’，为什么没有参加？外面有些说法，但从来没有人来直接问过我。当时冯雪峰曾找我，对我说：‘你、陈望道、傅东华，还是保持表面中立态度好，便于联系一些人，就不参加“左联”了。’”叶老强调说：冯雪峰不是随便找个人说的，他记得清楚，冯雪峰说是考虑研究过的。叶老进而谈到他与冯雪峰当时的关系。他说：他同冯雪峰很早就有联系，“1921年左右，我当时在苏州乡下教小学，发表点文章，冯写信给我，后来我到杭州第一师范教书，我们才见面，冯在这个学校读书，但我不教他，彼此也算是师生关系。1928年前后，我在上海编《小说月报》，冯常投稿，找我，当时我们住在景云里，他同沈雁冰住一个楼，住三层一个小房间，一二层是沈雁冰的，沈在日本，家里留有沈老太太和两个孩子，还有夫人，家里事委托我照管，我同雁冰是文学研究会的老朋友，又住在隔壁。这样与冯雪峰常有来往。”

叶老叫我不妨去郑家问问郑振铎为何也没有参加“左联”。我通过郑振铎的儿子郑尔康，请他便中代询郑夫人高君箴——郑振铎生前是否谈起过为什么没有参加“左联”的事。不几天我收到郑尔康的复信，信中说：“所问之事，据家母回忆，确曾听先父谈起过。当时的‘左联’，无论名称，还是其成员，都是赤红色的，为了团结更多处于中间或偏右的作家，根据党的统战政策，需要一些像先父那样进步的有一定影响的但表面看来颜色又不是十分红的作家，不以‘左联’的身份进行活动，这样更便于把绝大多数作家团结到革命阵营周围来。”“是大局的需要，是党的一种策略。至于当时谁同先父谈的，以及谈的具体内容，已记不起来了。”

1979年12月13日下午我又问起叶圣陶这事，并告他郑夫人信中所谈，他说：他不参加“左联”，是冯雪峰同他谈的，要他保持中立。至于谁同振铎说的，他也不知道。

叶老和郑夫人所谈，精神大体是一致的，它有助于说明：郑、叶之所以没有参加“左联”，是党当时的一种策略考虑，在这一点上，并不是“左联”组织路线上的一种关门主义表现。

我以为叶圣陶和郑振铎夫人的这种说明是合理的。从郑、叶当时与党的关系看，确实找不出什么理由反对他们参加“左联”。他们两位当年的政治表现和在文艺界的影响是无须介绍的。不妨举两个例子。1927年“四一二事变”蒋介石反动派在上海马路上公开枪杀工人，当时商务、开明书店同人曾发宣言抗议国民党这种暴行，有十几人签名，郑振铎是其中一个。1928年秋天，在革命文学论争高潮平息后，党为了团结文艺界，曾派冯乃超、钱杏邨等人与郑振铎联系，并通过郑团结了一大批原文学研究会的成员，共同发起组织“中国著作者协会”，为急救思想言论出版自由开展斗争。叶圣陶1928年所写的长篇小说《倪焕之》其进步倾向及影响更是公认的。在他负责编辑《小说月报》期间，在经济上不断给拮据之中的一些党内作家以照顾。当时《小说月报》规定，文章登出之后再付稿费，而钱杏邨、冯雪峰、夏衍他们都是

1930年9月17日，叶圣陶参加了“鲁迅五十生辰纪念会”。图为鲁迅五十岁与家人及朋友的合影

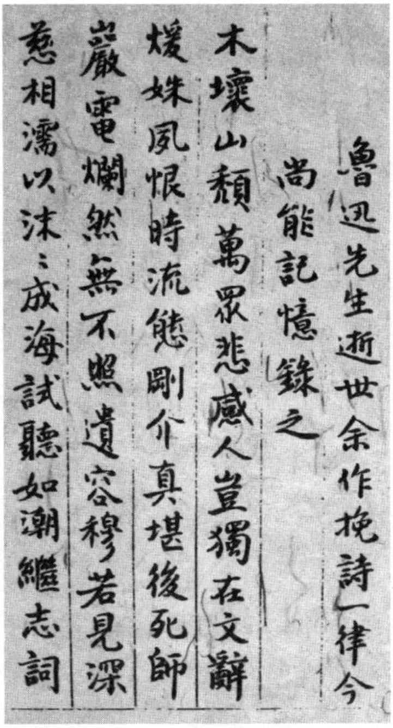
魯迅先生逝世余作挽詩一律今
尚能記憶錄之
木壞山頹萬衆悲感人豈獨在文辭
煖姝夙恨時流態剛介真堪後死師
巖電爛然無不照遺容穆若見深
慈相濡以沫沫成海試聽如潮繼志詞

鲁迅逝世后，叶圣陶所作的一首七律

交了稿就领稿费，而有些稿子稿费已领，后来并不见得刊用。当年这些党内作家生活无固定收入，叶圣陶的这种关照很解决他们生活中的一些实际困难，常常听钱杏邨、夏衍感激地谈起这些往事。叶老说，"'左联'成立，1930 年吧，恰逢鲁迅五十寿辰，主要是党内文化界一些人士为鲁迅举办了庆贺宴会，也邀请我出席了，感觉大家的情绪都挺好，彼此没有什么大的隔阂。具体的情况我记不太清楚了，好像鲁迅在宴会上也说了话。"

经查，1930 年 9 月 19 日《红旗日报》发表了祝贺鲁迅五十岁生日的消息：

> 9 月 17 日，是左翼作家鲁迅五十生辰，他的朋友柔石、画实（即冯雪峰——引者）、乃超、蔡咏裳、董绍明、许广平等，发起一个纪念会，参加的人除左联、社联、美联、剧联代表外，有叶

绍钧（即叶圣陶——引者）、傅东华、茅盾、史梅特女士、罗佛、田汉、石民、蓬子、杨邨人等三十余人。首由主席柔石致开会辞，接着是各左翼文化代表讲演，都是很热烈地希望鲁迅在两个政权对立的现在，更勇敢地为拥护苏维埃政权而做文学上的活动。继由来宾德国新闻记者史梅特女士演讲，介绍了德国社会民主主义的丑恶以及广大无产阶级斗争的发展与德国文坛现状，希望鲁迅坚决的为无产阶级文学运动而努力。末由鲁迅致答辞，首先批评他自己过去没有在革命中抱着牺牲精神，走上实际行动，表示对革命的惭愧。次说明他过去生活史的发展，最后表示将努力完成朋友们的希望云。

纪念“左联”，并不是说，“左联”无论在思想路线、组织路线上没有受到当时党内“左”倾机会主义路线的影响和干扰，没有教训可吸取，只是想说明，文艺运动的情况是复杂的，政治路线对文艺路线会有影响，但这种影响的大小和直接曲折又是不等的，不能简单地推断，只能从实际出发，加以实事求是的分析，而要做到这点，必须先弄清一些事实。趁一些有关当事人还健在，应尽快抓紧这项工作。这点意思，是叶老一贯主张，并多次提醒我的。

《小说年鉴》

20世纪50年代，中国作家协会有几年曾编选过创作年选集，深受读者欢迎。尤其是初学写作的青年，更是受益匪浅，爱不释手。现在要想找到齐全的这套书，可不那么容易了。

改革开放以来，文学盛起，各种文学体裁的选刊大兴，一月一本；年选集也接踵出现。叶老有次说起，编短篇小说年选过去有过，五四新文学运动后，较早，也许是最早的一本短篇小说年选集叫《小说年鉴》，当时有影响，可以看看，如编辑思想、做法今天还有可借鉴之处，也可以在报刊上介绍介绍。

在我国，编印创作年选集，是五四新文学运动之后的事，1923年3月小说研究社初版的《小说年鉴》（下文简称《年鉴》），可以说是短篇小说这方面的创举，是为1922年短篇小说选，全一册，内分三卷，收三十二位作家的四十三篇。编辑者为“鲁庄云奇”，中华图书集成公司发行。

所选虽不一定篇篇均系“全国名流之创作”，但该年优秀的短篇大多确被囊括进来了。

当年对鲁迅小说的意义，并不都是认识得充分的。编者在卷首选了鲁迅的五篇，《兔和猫》、《不周山》、《白光》、《故乡》、《鸭的喜剧》。同时有郁达夫的两篇，《友情和胃病》、《血泪》；叶绍钧的《醉后》；王

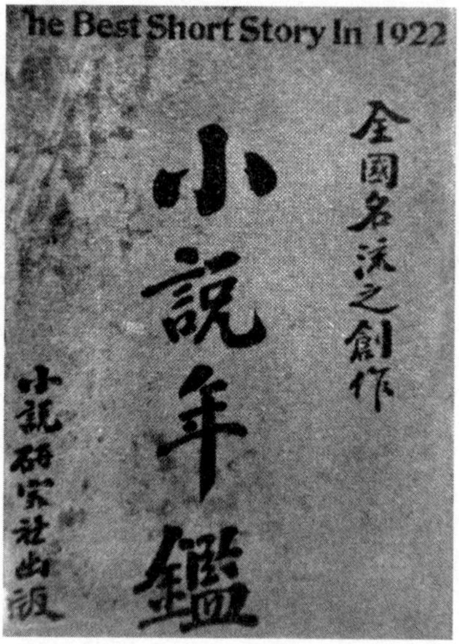

《小说年鉴》封面

统照（王剑三）的《山道之侧》、《十五年后》、《战夜的谈话》。王任叔（巴人）是以文艺理论批评家存世的，一般人未必了解他早年写过小说，且有佳品。《年鉴》选录了他三篇，《大树》、《母亲》和《吃惊的心》。编者的眼力不仅表现在捕捉了一些名流之作，而且打捞了一些闪光的遗珠。这就很可贵。如方志敏1922年曾经在上海《民国日报》副刊《觉悟》上发表过的一个短篇小说《谋事》，第二年被选编到这本《年鉴》里。编者在按中赞道："这真是拿贫人的血泪涂成的，谁若看了，不同情于这样的一个他！"方志敏其时创作少，更不是什么名家，编者如不从作品出发，不可能被选录。《谋事》是方志敏最早写的一个短篇，描写贫苦人民的不幸生活，思想倾向进步，艺术上也感人，是研究方志敏史传和文学生活的一篇重要资料，但在后来出版的方志敏遗著中长期被遗漏。又如陈大悲，人们知道他是我国新文学初期的剧作家之一，1921年5月与沈雁冰、欧阳予倩、汪仲贤、熊佛西、郑振铎等在北京组织"民众戏剧社"，创办《戏剧杂志》月刊，为五四运动后最早出版之戏剧刊物。但他也善于写短篇，《年鉴》里所选《有一个他》，就相当不错。

《年鉴》的编者，对选入的各篇均有“评骘”，附在篇末，几十字，一般不超过百把字。兴之所至，信手写来，有许多独到的见解。如对鲁迅的五篇，均有精彩的意见。编者对作品的欣赏有时很侧重其社会作用，如王剑三的《战夜的谈话》，编者说：“这是一篇非战的作品。虽然没有《红笑》那样的力量，但是池鱼的譬喻，真是非常切当。我们久困于兵燹的同胞，读了定会动心的。”编者还试图对某一作品的评诠，提倡某种艺术主张和艺术风格。编者读了周辅仁的《泥墙之下》后说：“同在文艺界里虽然充满了自然主义的呼声，但是真的自然的作品，却极少见，不是带着讽刺的气氛，便是显示着空想的幻形。这一篇在比较上可以算是满意的作品。因为乡农心理的描写，村落风景的勾画，都觉得非常朴实，真气扑人。”编者还长于通过比较的方法，来确定作品的意义和价值。编者说鸿杰的《荣归》：“这也是描写乡村生活的很好的作品。和以前鲁迅君《孔乙己》、《药》等等，气氛上有些相近。”

停顿了多年，近年来编印这类创作选的工作又活跃起来。几十年来我们的习惯做法，是在每本选集前放上一篇名家的长长的序文；其实，像九十年前《小说年鉴》编者那种“表态”的方式也是一种值得保存的评论方式，不妨再试试，不过，对编选者来说，似乎更需要胆与识了。

最早介绍《子夜》的文字

茅盾的长篇杰作《子夜》，于1933年1月出版后，就得到文坛的好评。最早有影响的评论，一是瞿秋白的《〈子夜〉和国货年》，称《子夜》为“中国第一部写实主义的成功的长篇小说”，说《子夜》的出版是“中国文艺界的大事件”。另外就是，同年2月9日，鲁迅在给曹靖华的信中说：“国内文坛除我们仍受压迫及反对者趁势活动外，亦无甚新闻。但我们这面，亦颇有新作家出现，茅盾作一小说曰《子夜》（此书将来当寄上），计三十余万字，是他们所不及的。”曹氏当时在苏联，鲁迅是怀着异常欣喜的心情，向他推荐《子夜》这部作品的。次年4月，鲁迅又在《文人无行》一文中称赞《子夜》为“大作”。他说：“我们在两三年前，就看见刊物上说某诗人到西湖吟诗去了，某文豪在做五十万字的小说了，但直到现在，除了并未预告的一部《子夜》而外，别的大作都没有出现。”茅盾对鲁迅的鼓励感激不已，据《鲁迅日记》载：1933年2月3日，鲁迅收到茅盾《子夜》赠书；6月19日，茅盾访问鲁迅，又面赠精装本《子夜》一册，并在书的扉页上写：“鲁迅先生指正。”

《中学生》杂志在1933年1月出版的第31号的扉页上有一则介绍《子夜》的提要。《中学生》的出版者又同是《子夜》的出版者——上海的开明书店认为，《子夜》的出版是该书店1933年新年的一大贡献，又

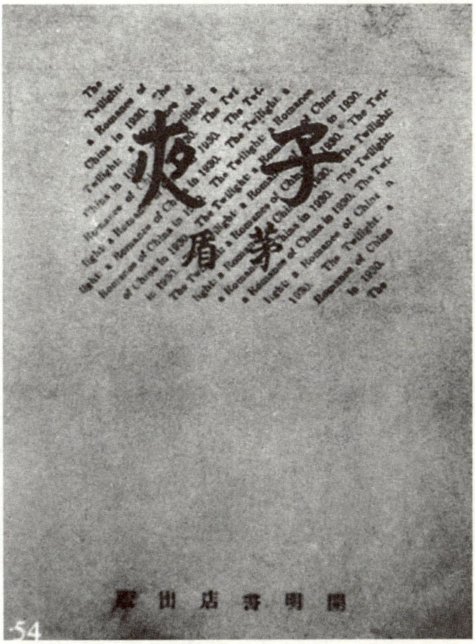

茅盾的《子夜》初版本封面（开明书店，1933年），书名为叶圣陶书写

说：“本书为茅盾最近创作，描写1930年的中国社会现象。书中人物多至八九十，主角为工业资本家、金融资本家、工人和知识分子青年等四类。书中故事除工业资本家与金融资本家的利害冲突为总结构外，又包括了许多互相关联的小结构，如农村骚动、罢工、公债市场上的斗争、青年的恋爱等等，成为复杂生动的描写。全书三十余万言，而首尾经过时间，不过两月，即此可见全书情节之紧张。”此文不足二百字，将这部头绪纷繁的小说情节概括得脉络分明，对原作不熟悉只匆匆过眼是做不到的。《子夜》的个别篇章曾在1932年六七月出版的“左联”刊物《文学月报》1、2期上发表，绝大部分都是开明书店经手直接出版的。所以，《子夜》出版的当月，《中学生》配合介绍这部书是自然的事。这段提要可以看成是最早的一段介绍《子夜》的文字。这则提要是出自开明书店的主要编辑，也是当时《中学生》的主要编辑叶圣陶之手（《叶圣陶集》第18卷第346页，江苏教育出版社，2002年）。可惜这则介

绍至今不曾为研究者留意。《子夜》初版本封面篆字也是叶圣陶书写的。有文章说："叶老当年看重《子夜》，特意题签。"有次听叶老说，看重《子夜》是事实，题签之"特意"就未必了，因为当年开明出版的不少书的书名都是他书写的。

叶老顺着话题说，现在有的风气不好，以为某人的地位名气变高了、大了，别人当年为他做的事都理解为"特意"而为的，其实作为一个出版社，一个编辑它面对的就是著作、作品的质量，质量好的无论作者地位名气如何，都一视同仁，把书出好。他说，开明书店出的书，他写过很多书名，分给他的工作，该做的就做了，不能因为某人后来变化发展了，做正常普通的事就变成"特意"去做的了。叶老强调说，看过去的人和事，一定要放在当时的历史条件下去看待，这叫尊重历史，历史是发生的、存在的、不可重复的过去。

漫话《抗战八年木刻选集》

紧张繁忙之余，听友人谈一二则有关书的故事，是件乐事。如果是在盛暑闷热异常偶有习习凉风的片刻，那更是一种享受。有关《抗战八年木刻选集》（下文简称《选集》）出书的零星插曲，我就是这样愉快地听到的。

1946 年 10 月 19 日，饱经沧桑的上海进步文艺界集会于辣斐大戏院，隆重纪念鲁迅先生逝世十周年。会前，在戏院门口，有一群男女青年，在高声叫卖开明书店刚刚出厂的《抗战八年木刻选集》。他们之中有叶圣陶的两个儿子——叶至善、叶至诚，有书店里的几个小伙计，还有自动前来助卖的互不相识的热心者。人们在争相翻阅、购买这部瑰丽、精美的画册。封面上凹印的朱红色书名熠熠闪光。

这年 8 月，中华全国木刻协会，为了检阅抗战以来木刻创作的成果，在上海举办了大型的木刻展览。这本《选集》就是从数千件展品中精选出来的，包括七十五位活跃的木刻家的一百幅作品。这一幅幅木刻真实地记录了中国人民所经历的英勇与苦难的岁月，内容丰富厚实，艺术技巧也好，是我国现代木刻发展史上一次丰硕的收获。中国木刻的新兴，是在鲁迅先生的直接关怀下发展起来的。这个展览在鲁迅逝世十周年前夕举办，这本《选集》在 10 月 19 日之前出版，正是表达了人们对鲁迅先生的深切怀念。书的扉页上同时用中英文写道："谨以此书纪念木刻导师鲁迅先生逝世十周年。”

《选集》分精、平装两种，均系大开本。卷首有叶圣陶的序，次《中国新兴木刻的发生与成长》、《编后》，末附七十五位作者的“简叙”。叶圣陶所写的不到两千字的序，是一篇略论中国木刻发展的精彩文字，说得简约、朴实、中肯。比如，谈到木刻传统时，他说：

> 在第九世纪，我国就有了木刻画。第十四到十七世纪，木刻画极为发达，精品很多。直到西洋印刷术传入，多数书本与印件不再用木刻的办法了，木刻画才衰落下来。
>
> 我国的木刻画大多是经书、史书、子书、佛经、道藏、小说、剧本的插图。也有纯粹的艺术画，刻着山水，花鸟，人物。此外又有神像、风俗画、吉祥画等类，是彻底的民间艺术——就是说，并非士大夫书斋里的东西。那些作品技法各异，工拙不一，却有个相同之点：画底稿的是一个人，动手刻的另是一个人。先得有好画手画底稿，好刻手才可以显他的本领，他的本领在乎不走样，不损伤底稿的神采。如果没有好底稿，好刻手也无所施其技。

在谈到我国木刻艺术现代的发展时，序文特别强调了鲁迅的倡导作用：

> 我国现代的木刻艺术却并非承袭本国的传统，是受的外来的影响，是刻手而兼画手的。我们要永远记住鲁迅先生，介绍许多国外作品，印行一些木刻选集，鼓励青年艺术家着手学习，延请能手指授技法，全是他的劳绩。假如没有鲁迅先生的倡导，我国的木刻艺术会不会发展到目前的地步，是很难说定的。
>
> 从倡导到如今时间不满二十年，成绩已经相当可观了，这本《抗战八年木刻选集》就是证据。

叶圣陶在序文中还着重阐述了抗战八年木刻的社会价值，他说，由于所处的国度和所值的时代，木刻作家与文艺作家一样，一贯地表现着反帝反封建的精神。从正面说，一贯地表现着争自由的精神。他们不把木刻艺术认作无所为而为的东西，他们有所为，他们把木刻艺术认作宣传的工具，争自由的武器，虽是工具和武器，本身却仍然是件艺术品。是艺术品兼有工具和武器的作用，不是为了工具和武器牺牲了艺术。

在抗战八年间，木刻作家够努力的了，请想想，陈列在展览会中的作品有几千幅。单就这本选集来看，对于敌人的憎恨，对于受苦难者的同感（不是同情），对于大众生活的体验，对于自由中国的期望，可以说表露无遗了。八年的抗战是我国历史上没有前例的大事件。我国脱去了自身的以及外来的重重束缚，自由独立地站在世界上，虽然现在还没有做到，还待全国人民努力奋斗，可是将来叙说起这一段艰辛的成功史来，八年的抗战必然是个极大的关目。我国人民以生命写下历史，而这本选集就是那历史的缩影。

叶圣陶认为，经过不到二十年的努力，木刻艺术成了我国土生土长的东西，他说：

> 就技术方面看，也有可以说的。在木刻艺术刚介绍进来的时候，我国的一些作品脱不了摹仿，某一幅的蓝本是外国的某一幅，某人的作品依傍着外国的某一家，几乎全可以指出来。这是不可避免的，也是无可非议的，学习任何艺术，总得经过摹仿的阶段。重要的是始于摹仿而不终于摹仿，摹仿只作创造的准备。这一点，我国的木刻作家很快地做到了。请看这本选集里的作品，构图，阴影，线条，刀法，各有独到之处。一个总印象：木刻艺术成了我国土生土长的东西。有几幅细的近似我国旧时的‘绣梓’，可是并不相同，绣梓哪里有那种生命力！而且，绣梓只是书本的插图，是附属品，现在这些作品却是独立的艺术。近似于传统而不承袭传统，受着外来的影响而不为影响所拘束，土生土长，趋于创造；我国的木刻艺术已经发展到这个地步了，可是距离创导当时还没有满二十年。

上海开明书店是我国有广泛影响的一个出版机构，有自己的独特

《抗战八年木刻选集》封面（1946 年出版）

《抗战八年木刻选集》中部分木刻

风格。它一贯办事认真的作风给广大读者留下了良好的印象。为了出版这部《选集》，他们大胆设想，勇于尝试。他们过去印画册，就试验用白色道林纸，先印上一层浅底色，再在底色上印。这次印《选集》，则用淡米黄色的道林纸，在这种底子上印黑色或套色的画，效果更好。为保持画面的完整和谐，没有在每页画上标明画题和作者姓名。但又要方便读者阅看，所以除书中所印目录外，还加印了一张活页目录，夹在书里，供随时对照。为了扩大《选集》的影响，准备流传到国外，书中序等都译为英文，值得一提的是，这位不留姓名的校阅者就是著名的语文学家吕叔湘。

编者想法再好，如果得不到印刷厂的支持，也无济于事。上世纪40年代中国的印刷技术是相当落后的。这本书的制版者、承印者、装订者当时作了积极努力，克服了技术上不少困难。据有的当事人回忆说，他们能做到制锌版当天取货。《选集》中少量的套色画，是用小机器印，然后再一张一张地贴上去的。封面题签是辑鲁迅先生的字，但能做到凹印，这在当时就很不容易了。

正因为编者、制版者、承印者、装订者齐心协力，使《选集》出书很快，成为出版史上一件美谈。

动议出版这部《选集》是在这一年春季。“开明”过去只印过丰子恺的画册，很少印这类书。编辑部同人听说中华全国木刻协会将要举办展览，已经收集了大批作品，就与该会负责人李桦、陈烟桥等联系，请他们立即着手编选，书店同时张罗出版诸项杂事。叶圣陶的序当月写定，译文也同时完毕。确切地说，从编选到出书，仅一个多月。初版到再版，也只相距三个月。

这不是一本普通的小册子，而是一部精致的大部头，出得如此快如此好，秘诀就在各方面合作得好。

常听一些“书迷”说，一本好书的出版往往有一连串有趣的故事。读者不满足读懂书的本身，还希望了解与这本书有关的一切，比如，作者的欢乐与苦恼，编者的精心与独创，收藏家的苦心与珍爱……我想，有了书评，又冒出书话一类的小品，且相行不悖，各有所长，大概就是这个道理。书话往往以随便聊天的笔调取胜，但绝不是“闲话”。当我们了解到《抗战八年木刻选集》成书的点滴，难道不感到是一种收获，引起某种现实的联想与思考？

漫忆《叶圣陶散文》(甲集)

一

读一本好书，总有所得。犹如樵夫上深山老林，不会空手而归。

四川人民出版社1983年6月出版的《叶圣陶散文》(甲集)，沉甸甸的一厚本，装帧大方别致，内容丰富新鲜，真是本好书。我的收益就不是一般的有所得，而是大有所得，如樵夫下山，满载而归了。

叶圣陶是我国现代文学史上一位重要作家，长时期活跃于文坛，他创作的样式很多，既写小说，又写童话，又写诗词、散文和文艺评论等。从成果来看，散文该是他数量最多、使用最久、也最自如的样式。叶老在中国现代散文发展史上影响很大。他的散文作品受到几代读者的喜爱，有些被当做范文选进大中学校的教科书，一些在我看来已经是老前辈的作家，谈起他们怎样踏上文学之路，常提起受到叶老散文的影响。

我是叶老散文的忠实读者。不知道同好是否也有这种感觉：叶老的散文好是好、精是精，但是他的散文集子却不多。建国前，他先和俞平伯出了散文合集《剑鞘》，之后有不纯粹是散文的《脚步集》，又有《未厌居习作》和《西川集》两本薄薄的散文集。建国后的十七年里，仅仅出了一本《小记十篇》，直到1982年才又出了一本《日记三抄》。

其实叶老的散文成集的少，发表的不但不少，而且很多，上世纪30年代有人解释这个情形，说叶老不能以刊印小说集同样的热心来对待自己的散文，致使发表在百来种报刊上长短不一的散文，长期散而不聚。这只是就作家的主观方面而言。拿客观条件来说，在那个战火屡起、动荡流徙的年代里，许多作家连生活都没有保障，哪里有心思像现在这样及时收集自己的文章，迅速地成集出书呢？这是时代投在出版史上的一片阴影。这次叶至善、叶至诚兄弟为父亲编选散文甲集，花了很大工夫，尽可能把叶老建国前发表的散文作品找齐。结果令人高兴。现在收集到的叶老建国前用各种笔名发表的散文有五十多万字。经过编者和叶老自己的筛选，这本甲集收集了将近四十万字，从此改变了叶老的散文多不成集的情形。全书总共二百一十篇，其中五十多篇过去收入过集子，余下的一百五十多篇均系初次入集。对于我这样年岁的读者来说，绝大部分是第一次读到，对于年长的读者，其中有些也许在发表的时候读过，但也未必知道或者记住这是叶老的作品。因此，我读这本散文甲集的第一个“所得”，也可以说最大的收益，就是得到了迄今为止较齐全的一部叶老建国前的散文集。从来没有这么丰富，这么感到新鲜地阅读叶老这许多好散文。这本散文集之所以显得珍贵，还在于其中有些篇章是极不容易收集到的。譬如1925年发表在《公理日报》上的六篇富有战斗性的散文，由于《公理日报》这份上海地方小报，当时仅仅生存了一个月，几经兵戈，能够将这份报纸全部保存下来，实在是个奇迹。编者四处寻觅，至今还有一天的报纸没有找到。叶老从找的十篇当中，挑选出六篇收进了甲集。弘一法师（李叔同）是我国近代一位卓越的文学家、艺术家、教育家、爱国宗教人士，也是叶老由衷崇敬的一位长者。许多人都知道，关于弘一法师，叶老写过《两法师》的名篇，却不知道叶老还有其他写弘一法师的文章。其中《谈弘一法师临终偈语》一篇，阐述了弘一法师的生死观，由于发表在宗教界的杂志《觉有情》（8卷10期，1947年10月）上，没有被多数人留意，这次也收进了甲集。这本散文集的珍贵之处，还有一层可以说的。时下兴编集子，一般能做到校勘出原版的误排就不错了；而年近九十的叶老，却把全书二百一十篇全部认真校看了一遍，并且在文字上作了若干修改，主要是改掉语句上的文言气，使得更加接近口语，同时斟酌更换了有些文章的标题。“文章的原意是不可动的，动了就是新的作品了”，叶老多次强调地说过。叶至善在《编父亲的散文集》中说：“常常有这样的事，找到了一篇从没见过的，跟父亲一说，他自己也奇怪怎么会写这样一篇文章，一定要自己看一看。从报刊上复印下来的文章他怎么看得清楚呢？至诚只好工工整整地用大字抄了给他看。看的时候，他不免作些改动，不是改动原来的意思，是读了早期写的白话文感到有些疙瘩，不顺当，不舒服。渐渐地，这样自己看，自己改，又成了我父亲的日常工作之一。他说，现在这样编倒还有点新意；还吩咐我们某几篇可以不要，总之要从严选，宁缺勿滥。我们说，我们要尽可能做到不缺不滥。”叶老向来讲究遣词造句命题，他写《倪焕之》的时候，每一章总要接连写七八天，原因之一就是“斟酌字句”。叶老这种一丝不苟的精神，使我捧读这本散文集的时候深受感动，不得不认真地阅读，细细地咀嚼。

《叶圣陶散文》（甲集）编选工作是在 1981 年启事并完成的。至善在北京，至诚在南京，是请假来的。那个时期我去叶家次数不少。在资料收集方面，我帮不了什么大忙，这方面，不如我的朋友北大中文系商金林做得多。听到过叶老谈编选这本散文集的意见和要求，也常和至善、至诚谈起编选此书的情况。其实，最初叶老是不同意将自己的散文结集出版的，理由很简单，怕被炒冷饭。经至善、至诚一再说服，叶老才同意。叶至善说得明白透彻，贴近叶老的意思：

> 好些出版社要把我父亲的散文编成集子出版，我父亲总不同意，他说翻来覆去老是这几篇，自己看着都腻了，冷饭越炒越没有味儿。“炒冷饭”是父亲和朋友之间的“行话”，就指把若干篇文章翻来覆去地编集子，编了一本又一本。

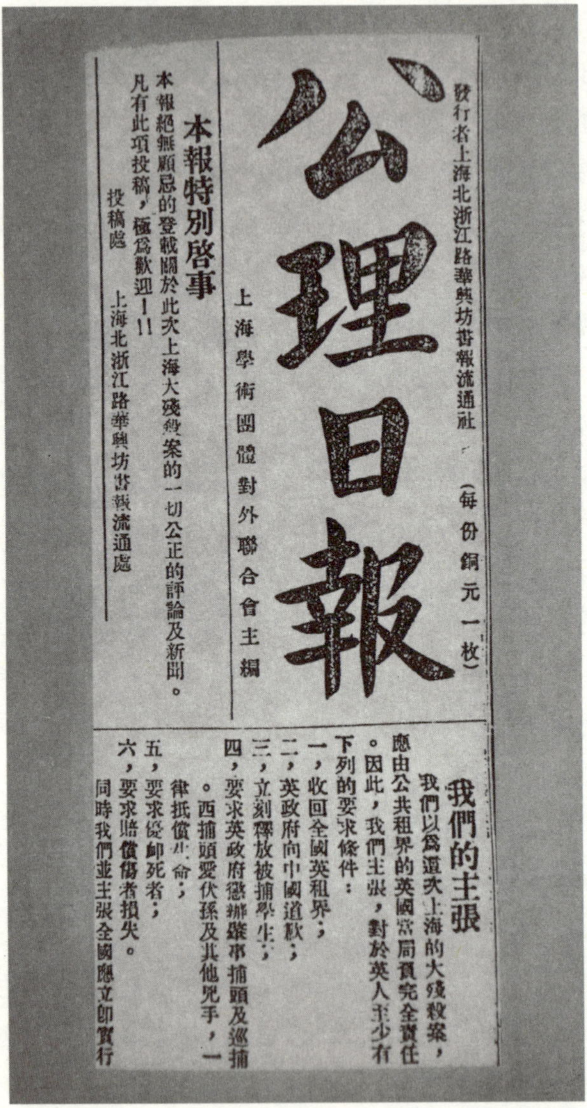

發行者上海北浙江路華興坊書報流通社

（每份銅元一枚）

公理日報

上海學術團體對外聯合會主編

本報特別啓事

本報絕無顧忌的登載關於此次上海大殘殺案的一切公正的評論及新聞。凡有此項投稿，極爲歡迎！！！

投稿處 上海北浙江路華興坊書報流通處

我們的主張

我們以爲這次上海的大殘殺案，應由公共租界的英國當局負完全責任。因此，我們主張，對於英人至少有下列的要求條件：

一，收回全國英租界；

二，英政府向中國道歉；

三，立刻釋放被捕學生；

四，要求英政府懲辦釀事捕頭及巡捕。西捕頭愛伏孫及其他兇手，一律抵償生命；

五，要求優卹死者；

六，要求賠償傷者損失。

同時我們並主張全國應立即實行

“五卅”惨案后，叶圣陶与沈雁冰、郑振铎、胡愈之创办《公理日报》，报头由叶圣陶题写

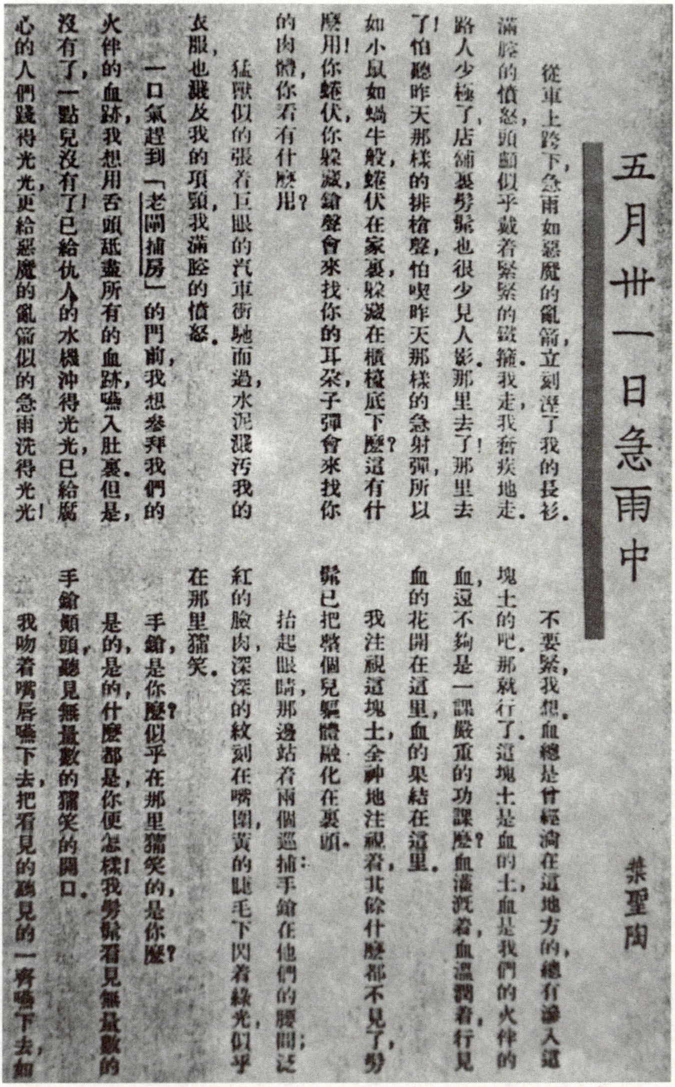

五月卅一日急雨中

葉聖陶

從車上跨下，急雨如惡魔的亂箭，立刻溼了我的長衫。滿腔的憤怒，頭顱似乎戴着緊緊的鐵箍。我走，我奮疾地走。

路人少極了，店鋪裏髣髴也很少見人影。那里去了！那里去了！怕聽昨天那樣的排槍聲，怕喫昨天那樣的急射彈，所以如小鼠如蝸牛般，蜷伏在家裏，躲藏在櫃檯底下麼？還有什麼用！你蜷伏，你躲藏，鎗聲會來找你的耳朵，子彈會來找你的肉體，你看有什麼用？

猛獸似的張着巨眼的汽車衝馳而過，水泥濺汚我的衣服，也濺及我的項頸，我滿腔的憤怒。

一口氣趕到「老閘捕房」的門前，我想參拜我們的火伴的血跡，我想用舌頭舐盡所有的血跡，嚥入肚裏。但是，沒有了，一點兒沒有了！已給仇人的水機沖得光光，已給廠心的人們踐得光光，更給惡魔的亂箭似的急雨洗得光光！

不要緊，我想。血總是曾經滴在這地方的，總有滲入這塊土的吧。那就行了。這塊土是血的土，血是我們的火伴的血，還不夠是一課嚴重的功課麼？血滲潤着，血溫潤着，行見血的花開在這里，血的果結在這里。

我注視這塊土，全神地注視着，其餘什麼都不見了，髣髴已把整個兒軀體融化在裏頭。

抬起眼睛，那邊站着兩個巡捕：手鎗在他們的腰間；泛紅的臉肉，深深的紋刻在嘴闈，黃的睫毛下閃着綠光，似乎在那里獰笑。

手鎗，是你麼？似乎在那里獰笑的，是你麼？

是的，是的，什麼都是你，你便怎樣！我髣髴看見無量數的手鎗顛頭，聽見無量數的獰笑的闊口。

我吻着嘴唇嚥下去，把看見的聽見的一齊嚥下去，如

1925 年“五卅”惨案发生后，叶圣陶怀着满腔愤怒，连夜写成《五月卅一日急雨中》，倾诉他的愤慨和激情

在报刊上还常常有分析我父亲的游记的文章，大多是供语文教学作参考的，当然都说写得如何如何好，总之尽量拔高。似乎我父亲的这几篇游记是散文的正宗，要写好散文就得向这几篇游记学。看到这种文章，我父亲就要叹息了："唉！我成了始作俑者。"

父亲担心的是他的这几篇游记使学生们产生这样的印象：散文就是写些闲情逸致的；要写好散文，必须寄情于山水之间。父亲的担心不是没有根据的，只要翻一翻近来非常时兴的学生作文选就可以知道。这种担心我也有。我还有另一种担心，到处是这几篇游记，会不会使人产生这样一种印象，我父亲是个散淡闲人，只知道游山玩水。

爷儿俩都担心，相形之下，我的胸怀窄得多了。父亲担心他的游记把学生们引入歧途，我担心的却是光选游记未免歪曲了我父亲，公私判然。但是请不要过于责备我，因为在我的记忆里，父亲写的散文不光是游记。去年看父亲的《语文教育论集》的校样，其中好些篇从内容到形式都不是论文，而是地地道道的散文；今年看父亲的《论创作》的校样，其中散文更多。还看到有人写文章说，在40年代，我父亲为民主运动写下了不少有分量的散文。那时期的情景，我还记得很清楚；往前推，抗日战争、"八一三"、"七七"、"一·二八"、"九一八"；还有"四一二"、"三二一"、"三一八"、"五卅"……光是日期就有这么一大串。虽然越往前我的记忆越模糊，可是还记得，关于那些日子，我父亲都写过不少文章，若说其中没有一篇散文可以跟他的游记相比，恐怕未必。那些散文没有什么闲情逸致，但是我相信，真情实感是并不少的。

于是我跟弟弟至诚商量，由我们来选编父亲的散文集，各个时期的都要选，各个方面的都要选，各种形式的都要选。说是选，当然由于我父亲的散文并非篇篇值得一看，因而我们不主张出全

1945年10月19日，在鲁迅逝世九周年纪念会上摄。左起依次为叶圣陶、冯雪峰、老舍、周恩来、冯玉祥、郭沫若、邵力子、柳亚子、胡风

1946年11月16日，大地书屋在重庆金门饭店为沈雁冰到苏联饯行时所摄。从左至右依次为郭沫若、洪深、沈雁冰、叶圣陶、蒋寿同

集，可是我们要选得全面，游记当然要选，好让人们看到游记固然是散文，可是散文不光是游记，写散文不光为陶情遣兴，散文跟游记之间不能画等号，我父亲在游记之外还写了很多别的散文。我们的想法居然说动了父亲，于是弟兄俩就动起手来。（以上引文均见叶至善《编父亲的散文集》）

二

读这本集子的另一个“所得”，是对叶老散文的风貌有了与过去不同的认识。

一个作家的创作风貌未必能为读者和评论家准确地把握，评语失之偏颇或者不够贴切是常有的事。造成这种现象有各种原因，不了解、不熟悉这个作家的全部作品，也许是最重要的一个原因。

前面说过，叶老建国前的散文大多没有汇编成集。读者对叶老的散文本来接触就不多，加上几个有影响的选本和教材，偏重选录了叶老一种类型的文篇，读者对叶老散文的印象，大多是由此而来。1935 年 1 月出版的孙席珍编选的《现代散文选》里，选了叶圣陶四篇：《暮》、《客语》、《藕与莼菜》、《牵牛花》。同年 8 月出版的郁达夫编选的《中国新文学大系·散文二集》里，选了叶圣陶五篇：《藕与莼菜》、《双双的脚步》、《怎么能》、《两法师》、《过去随谈》。两位选家都认为叶圣陶的散文风格严谨，思想把握住现实，在凝重中见出秀美。由于他们没有注意或者不推重叶老的另一些散文，像《五月卅一日急雨中》那样充满了激情的作品和大量议论性的散文，他们对叶老的散文作出如此的判断是理所当然的。有不少研究者也认为叶老散文的风格是感情真切、持重、温和。

读了这本集子，我觉得如果对叶老散文的全貌作这样的概括，不尽准确。

从集子的篇目排列来看，有两个时期叶老的散文创作特别活跃，

《叶圣陶散文》（乙集）封面（三联书店，1984 年）

那就是 1925 年五卅运动前后，和抗战胜利前后反对国民党的民主运动高涨时期。叶老这两个时期写的散文，如果分类分得细一点的话，都可以称为杂文——议论性的散文。

在五卅运动中，叶老写了《五月卅一日急雨中》。人们赞誉这是洋溢着激愤之情的名篇。然而也有人觉得这篇作品的风格和作者其他的作品不协调、不统一，似乎是叶老散文作品中间一个孤立的现象。其实不然。甲集在《五月卅一日急雨中》以下，收录了发表在《公理日报》上的六篇：《虞洽卿是“调人”》、《华队公会的供状》、《不要遗漏了“收回租界”》、《援助罢工工人》、《再告报界与金融界》、《无耻的总商会》。这组散文有同一的主题：声讨英帝国主义者在英租界屠杀华人平民的罪行。文章在艺术上算不得很精致，但是说理透彻，抨击锋利有力，同样讲究遣词造句。叶老写议论性的散文也并非始于五卅运动。五卅运动前写的《无谓的界线》是议论妇女贞操问题的。其观点之进步，与当时鲁

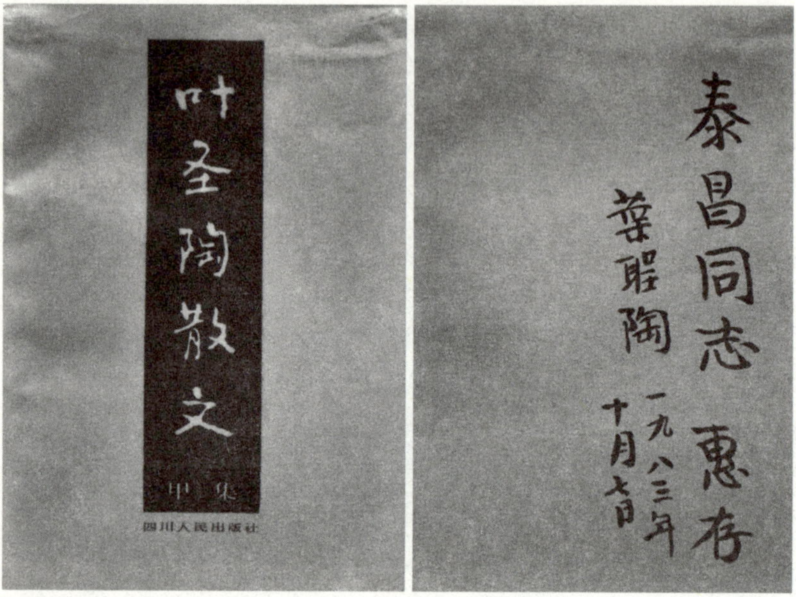

《叶圣陶散文》（甲集）封面及叶老赠书题签（四川人民出版社，1983 年）

迅、陈望道的同类文章相仿，当然写法各有不同。五卅运动激发起全国人民的爱国热情，也使作者更自觉地拿起了杂文——战斗的匕首——这个武器。编进这本集子的 1945 年到 1948 年间的散文，有不少是抒情、记事的作品，更多的却是杂文或者类似杂文的随笔和偶感。叶老灵活地使用杂文对当时社会上的许多事件都发了言。

这里顺便想到我国现代文学发展史研究的一个问题。我国杂文作家的光辉代表无疑是鲁迅先生。然而，杂文这种文学样式，并不是鲁迅先生开始运用的，也不是只有鲁迅先生独自在进行杂文创作。早在辛亥革命前夕，一批革命志士就在报章上开始写作杂文，五四运动前后，思想文化战线上更有一批民主主义战士大力提倡并且亲自运用这种文学样式。鲁迅先生逝世之后，又有一批进步作家、革命作家继承发扬了写作杂文的战斗传统。可是在论述我国杂文创作的著作当中，往往只注意到鲁迅先生的辉煌功绩，忽略了其他。叶老在这两个时期热心于杂文的写作是一个生动的例子。看来，这个集子对于扩展现代文学史研究的视野，也将有所助益。

怎样确切地概括叶圣陶散文的风貌，还需要专门家作深入的研究，这本甲集的出版和北京三联书店1984年12月出版的乙集（收叶老建国后的散文），为研究提供了极为有利的条件。作为一个读者，读了甲集里的二百多篇文章后，有了与过去不同的认识，明显地感到叶老的散文内容广泛，笔法多样，思想感情实在，遣词造句精密。又仿佛听到他那颗赤诚的心在随着祖国和人民的脉搏一起跳动。我以为这样的认识较之过去更接近于实际了。

三

《甲集》中有部分文章，具有可贵的史料价值，往往能从中引出现代文化斗争史上一个个有趣的史实。

在1926年的十篇中，《〈光明〉第一期编辑余言》值得注意。

我国现代文苑里，以“光明”为名的期刊，不下七八种。其中最早而且影响大的，是1926年中国济难会出版的《光明》半月刊，发行六期。何故叶老为这家刊物的创刊号写编辑余言呢？因为他是这个刊物的实际编者。这与1928年郁达夫、钱杏邨为中国济难会编文艺性半月刊《白华》的情况有点仿佛。中国济难会是中国共产党领导的一个国际性的群众组织。其时国际济难会发起运动，各国都办“光明”杂志。据叶老回忆说，是肖朴生和另一位找他编这个刊物的。叶老当时知道肖的共产党人身份，但彼此没有说破。叶老因开明书店的关系，与几家印刷厂熟，他接洽了一家小厂子，厂方也灵敏，知道不是一般的刊物，抢着排好版，印完就拆版，以防当局追究。叶老做此项工作很谨慎，连坐在对面办公的好友王伯祥也不知道他在做这件事。叶老又去四马路联系了一家书店代售。《光明》开本一般，每期四十到五十页。肖朴生只付了部分印刷费。叶老知道是在为党工作，所以从写稿、编辑到出版、发行都是义务的，分文不取。叶老在上面说的这篇文章结尾处，特意介绍了肖朴生说的话："人们并不努力创造光明，人们有什么权利诅咒黑暗？""这是意味深长的一句话"，"我们的同伴啊，抛弃了我们的悲叹颓丧与一切消极，我们从杨杏佛先生指出的两条路上努力创造光明吧！"这篇短文，披露了这样一个历史事实：早期党的活动，多么重视思想文化阵地，创办刊物；重视做团结工作，放手让一些真诚的朋友去为党工作；有一批有影响的知识分子在无私地为党工作；党与非党朋友之间在共同的革命斗争中结下了深情厚谊。叶老说，他很怀念肖朴生同志，建国后他曾多方打听过。他说肖是湖南人，相信迟早能探听出这位共产党人的下落。

1948年6月以集体名义发表的《上海若干杂志给司徒雷登的公开信》，抗议美国扶助日本恢复军事和经济侵略势力。文中直截了当地告

巴金（左）高兴地手捧叶圣陶赠送的《叶圣陶散文》（甲集）（吴泰昌摄）

诉美国："我国人民愿意跟别国人民友好，情谊胜过弟兄，可不愿意让别国的特殊势力踩在脚底下，喘着气当奴隶。"叶老这几句简单不过的话，说出了中国广大爱国民主志士的正义之言。这篇短文，在集子里接近压卷之作，我们从卷首 1921 年的几篇顺序读来，使人感到，经历二十多年革命的风云洗礼，叶老政治上、思想上开阔多了，成熟多了，这是他 40 年代的散文在思想方面日益尖锐深刻的直接原因。

叶老很看重这本散文甲集。他签名亲自送给巴金的自著就是这本散文甲集。1985 年 3 月，巴金来京参加全国政协会议，巴金 1983 年已任全国政协副主席，八三年、八四年的全国政协会他因病请假没参加，1985 年 3 月第一次以全国政协副主席的身份来京参加全国政协会议，不巧同为全国政协副主席的叶圣陶住院不能与会，3 月 27 日上午巴金去北京医院看望叶老，叶老招呼巴金在沙发上坐下，紧接着将早准备好的《叶圣陶散文》（甲集）送给巴金。巴金接过书后，仔细地翻看了封面和目次，很高兴地说："叶老，这些年您写了这么多，您要多注意休息。"至善补充说，这本集子里收的都是父亲建国前发表过的散文，大多数没有收过集子，巴金听了连连点头。至善忙叫我拍下了叶老和巴金亲切交谈的珍贵镜头。叶老看重这本甲集，分送过不少朋友。记得出书之后，我就代送过一些。我有次去上海，就代送过柯灵、黄裳，北人他的几位朋友，我的老师，如朱光潜、王力（了一）、吴组缃，还有签赠吴祖光、新凤霞夫妇的。散文家黄裳称赞这本散文集编选精当，他说："编辑方针非常高明，不只着眼于文学，且可看出时代及作者思想变迁进展痕迹，此我国传统文集编辑方法之优良部分也，今得继续并发扬光大之。"我在初读了这本散文集之后，竟能生出这些随想，除了作者作品的启迪之外，还得感谢编者思路的引导。

关于鲁迅评价叶圣陶创作的解读

《鲁迅先生的三句话》是叶至善在他父亲叶圣陶逝世两年后写的，定稿于1990年12月21日。叶圣陶研究会第一次研讨会于1991年4月22日至26日在叶圣陶的家乡江苏省苏州市召开。这次研讨会共收到论文八十余篇，其中教育方面的居大多数，文学方面的次之。叶至善的《鲁迅先生的三句话》是“次之”中之一。叶圣陶研究会将参加研讨的部分论文编辑并交由开明出版社于1991年8月出版，书名为《叶圣陶研究论文集》，叶至善的《鲁迅先生的三句话》一文也收入其中。

叶至善送了我这本论文集，我才读到至善这篇文章最后的定稿。为什么这么说，是因为我知道他写这篇文章的一些情况，至少他约我两次去他家谈过，我也看过据他说写完了的原稿。他说，写出这些来，只供研究我父亲的人看看，“仅供参考”。他将文章安排在研讨会上公开，最后在《叶圣陶研究论文集》中刊出，我以为是很符合他的考虑的。

说得再远些，我也知道至善在他父亲健在时就有写这篇文章的想法。我也曾听到叶圣老说起鲁迅先生对他的文学创作说过三句话，他总说，自己的作品能被人看过，并引起看者有话可说，作者总是高兴和欣慰的。他总说要感激鲁迅先生，说我的作品好或不好不必看重，如有些事实不清或不够确切，可以有机会说清楚，文章请研究现代文学的人看看，供他们继续研究用。我想叶至善写的《鲁迅先生的三句话》明显可看出是受了叶圣老看法的影响。

我于1984年七八月间曾为金梅的《论叶圣陶的文学创作》一书写过序言，序文中有段文字涉及鲁迅先生最后关于叶圣陶文学创作说的一句话，这篇序写时没有，写定亦没有请叶圣老看，也没有请叶至善看，写好就寄给金梅了。至善是在上海文艺出版社次年4月出书后才看到我写的序文的。我在序言中说：

> 读完本书，在论述上，我感到的一个缺憾是，有些地方多少缺乏一点锋芒。这主要是指在个别存在着尖锐分歧观点的问题上，看不到作者应有的意见。比如说，鲁迅对叶圣陶创作发表过意见。他在1936年2月3日给日本增田涉的信中说："叶的小说，有许多是所谓'身边琐事'那样的东西，我不喜欢。"我平日留心鲁迅的这段话，有些研究文章实际上也采纳了鲁迅的意见。我希望在本书中看到金梅对这个问题的看法。不知作者忽略了这一材料，还是有意避开了对这个敏感问题的表态？我有点失望。鲁迅先生是我们最最尊敬的伟大作家，他关于文艺的许多深刻精辟的见解，至今仍给我们以教诲。但是，对文艺作品的欣赏与评价，再有慧眼的人，也难免有失之偏颇的地方。在对待一些作家、作品的看法与爱好上有不一致，是正常的现象。中外文学史上这类例子并不鲜见。罗曼·罗兰就不如我们现在这样推崇巴尔扎克老人。而对罗曼·罗兰的作品，当时法国文坛，也不如今天我们中国研究者评价那么高。对作家和作品的评价，自然有客观标准，但不一定每个大作家和权威所发表的每一个具体意见都是真理，都是定论，就一定全面，一定正确。所以列宁一再告诫人们要将党的领导者对文艺的具体意见，与党对文艺的主张区别开来。我个人对鲁迅先生谈论叶圣陶小说创作的那段话，有不敢苟同的地方。喜欢不喜欢，这是个人的欣赏口味的问题，可不讨论。主要是立论的那句话。我以为，综观叶圣陶小说的全貌，得不出"有许多是所谓

‘身边琐事’那样的东西”的结论。这里，首先涉及一个创作理论问题。什么才算是写“身边琐事”？文学反映社会生活，题材的大小是重要的，但不是决定性的。关键在于题材本身所包涵、所沾濡的社会意义的大小。鲁迅先生一些被公认为杰作的小说，如《一件小事》，就题材而言，很难说就不是“身边琐事”，但它却具有深刻的社会内容。叶圣陶的小说，几乎都是写他熟悉的教育界、知识分子的生活，何况他还写过脍炙人口的短篇小说《多收了三五斗》，不能一概说，这些生活都是“身边琐事”。叶圣陶的多数小说，都具有一定的社会意义。其次是，鲁迅先生1936年对叶圣陶小说作这样的概括，也不符合叶圣陶小说的发展实际。如果说，叶圣陶从辛亥至“五四”前后，有些小说对时代的脉搏把握还不够，那么“五卅”之后，他创作上的这一弱点得到了很大的克服。长篇《倪焕之》的出现是一个明显的标志。这部长篇，生活之厚实，时代气息之新鲜，艺术描绘之精致，使其成为现代文学史上第一部长篇杰作。茅盾推重《倪焕之》是近十年来的“扛鼎之作”，说“这样‘扛鼎’似的工作，如果有意识地继续做下去，将来我们大概可以说一声：‘五卅’以后的文坛倒不至于像‘五四’时代那样没有代表时代的作品了”。我的上述理解不一定对。借此就教于读者和本书的作者。我之所以说这层意思，是期望我们的学术研究带有更强的针对性、论争性。正确的意见往往是在争辩中形成的、稳定的，真理是愈辩愈明的。要做到这一点，就需要鼓励和发扬学术上的勇气。在我看来，即使与学术权威的“定论”相左，只要是认真从可靠的材料中引出来的结论，就要敢于发表。这样，我们的学术水平才可望大幅度提高，研究者也才能形成鲜明的个性。而这，又需要有学术上的民主空气作保证。

叶至善的文章分三段，每段是就鲁迅先生关于他父亲的文学创作的话而言的。开头的一小段话是这样说的：

人们论说我父亲的文学创作，常常引用鲁迅先生的三句话。一句是“叶绍钧先生的《稻草人》是给中国的童话开了一条自己创作的路的”，见于《表》的《译者后记》。一句是“叶绍钧却有更远大的发展”，见于《中国新文学大系》“小说二集”的序。一句是“叶的小说，有许多是所谓‘身边琐事’那样的东西，我不喜欢”，见于《致增田涉》——给这位日本友人的复信。鲁迅先生提到我父亲的作品而见诸文字的，恐怕只有这三句。他为什么要提到我父亲的作品呢？既然提到了，为什么不多说两句呢？我翻开新版本的《鲁迅全集》，找到了这两篇文章和这一封信，仔细读了一遍。

叶至善下面的三段分析、阅读十分清晰、细致，如第一段：

1935年1月，鲁迅先生译完了苏俄班台莱耶夫的《表》，写了《译者后记》。后记可以分三个部分。第一部分，鲁迅先生介绍了《表》的作者和他见到的作者的三种作品的德译本，说明他是根据爱因斯坦女士的德译本重译的，并参考槙本楠郎的日译本。第三部分，鲁迅先生说他所以译这本《表》，“是要将这样崭新的童话，介绍一点进中国来，以供孩子们的父母，师长，以及教育家，童话作家来参考”，“想不用什么难字，给十岁上下的孩子们也可以看”；又说了他在翻译过程中遇到的困难，最后对这本童话的插图作了交代。这前后两个部分可以说是事务性的，主要的意思在中间的第二部分，鲁迅先生说日译本译者槙本楠郎所作的序言“虽然说的是针对着日本，但也很可以供中国读者参考的”，于是把这篇序言全文译了下来。槙本楠郎是这样说的：

“人说，点心和儿童书之多，有如日本的国度，世界上未必再有了。然而，多的是吓人的坏点心和小本子，至于富有滋养的，给人益处的，却实在少得很”，所以“一说起好点心，就想到西洋的点心，一说起好书，就想到外国的童话了”。“然而，日本现在所读的外国童话，几乎都是旧作品”，“大抵既没有新的美，也没有新的乐趣了”，“大抵是长大了的阿哥阿姊的儿童时代所看过的书，甚至于还是连父母也还没有生下来，七八十年前所作的，非常之旧的作品。”虽然不能说“看了就没有益，没有味”，但是“旧的作品中，就只有古时候的‘有益’，古时候的‘有味’”，“旧的作品中，虽有古时候的感觉、感情、情绪和生活，而像现代的新的孩子那样，以新的眼睛和新的耳朵，来观察动物、植物和人类的世界者，却是没有的”。“所以我想，为了新的孩子们，是一定要给他新作品，使他们向着变化不停的新世界，不断的发荣滋长的。”“我希望读者像游历异国一样，一面鉴赏着这特色，一面怀着涵养广博的智识，和高尚的情操的心情，来读这一本书。”……

鲁迅先生说，他把槙本楠郎的序言“译成中文时，自然也想到了中国”，当时中国儿童书的情况，鲁迅先生用两句话作了概括：“十来年前，叶绍钧先生的《稻草人》是给中国的童话开了一条自己创作的路的。不料此后不但并无蜕变，而且也没有人追踪，倒是拼命的在向后转。”这两句话，着重在后一句。前一句分明是跟日本作比较，日本“一说起好书，就想到外国的童话”，咱们中国还差强人意，十来年前出了一本我父亲的《稻草人》，“给中国的童话开了一条自己创作的路”。紧接着，“不料”——笔锋猛一转，说了三层意思：一、“此后不但并不蜕变”，指我父亲后来写的童话说的；二、“而且也没有追踪”，指的著作界；三、倒是拼命的在向后转”，指当时出版的儿童书。鲁迅先生最感痛心的是这股拼命向后转的复古风，所以他接着说：“看现在新印出来的儿童书，依然是司马温公敲水缸，依然是岳武穆王脊梁上刺字；甚而至于‘仙人下棋’，‘山中方七日，世上已千年’；还有《龙文鞭影》里的故事的白话译文。这些故事出世的时候，岂但儿童们的父亲还没有出世呢，连高祖父母也没有出世，那么，那‘有益’和‘有味’之处，也就可想而知了。”

鲁迅先生说这番话，心情是沉重的，所以他跟槙本楠郎一个样，急于把《表》译成本国的文字出版。但是有一点跟槙本楠郎不同，鲁迅先生把供孩子们阅读放在次要的地位，而主要是“供孩子们的父母，师长，以及教育家，童话作家来参考”。他希望所有担负着教育孩子的责任的人看了《表》“这样的崭新的童话”，都能有所醒觉，大家一同来刹住儿童书拼命向后转的那股复古风。我的理解如果大致不错，那么“没有人追踪”的说法可能由于盼之切，所以责之深。《稻草人》问世之后，新出现的童话作者并不少；张天翼先生的《大林和小林》，这时候已经出版五年了。至于我父亲，第二本童话集《古代英雄的石像》也已经出版五年了，跟《稻草人》相比较，我以为是有所进步的；但是主要内容还是对当时社会的揭露，离鲁迅先生期望的“蜕变”还差得很远。

人们摘引鲁迅先生提到《稻草人》的这句话，为的充分肯定我父亲的童话创作，我是十分感激的。但是鲁迅先生的用意并不在这里，也是事实。“五四”前后“给中国的童话开一条自己创作的路”的不是我父亲一个人，在我父亲的朋友中，就有沈雁冰先生和郑振铎先生；陈衡哲先生的《小雨点》，也比我父亲的第一篇童话《小白船》发表得早。只是别人都不如我父亲写得多，也没有结集出版。鲁迅先生谈到中国的儿童书，把我父亲的《稻草人》提出来是极其自然的事。

第二段文字略短些，但也将情况说得很明白。

《中国新文学大系》出版于1935年5月，是新文学运动“第一个十年（1917到1927）”的理论和作品选集，一共十卷；短篇小说占了三卷，分别称为“小说一集”“小说二集”“小说三集”，鲁迅先生选编的是“小说二集”。“一集”选文学研究会各位作者的作品，“三集”选创造社各位作者的作品，不属于这两个文学团体的选入“二集”，其实界限并不划得十分分明。我的父亲是文学研究会发起人之一，作品当然不属于“二集”的范围。鲁迅先生在《序》(原来是称作《导言》的）中提到我父亲，只因为我父亲在《新潮》上发表过几篇小说。

发表白话小说，是《新青年》和《新潮》开的端。鲁迅先生写“二集”的《序》，开头一节主要就谈这两种刊物。谈到《新潮》，他说：“从一九一九年一月创刊，到次年主干者出洋而消灭的两个年中，小说作者就是汪敬熙，罗家伦，杨振声，俞平伯，欧阳予倩和叶绍钧。”接着对这几位作者发表在《新潮》上的小说作了总评，先指出技巧的幼稚，又说他们有一种“前进的趋向”，“没有一个以为小说是脱俗的文学，除了为艺术之外，一无所为的。他们每作一篇，都是‘有所为’而发，是在用改革社会的器械，——虽然也没有设定终极的目标。”这番评论是否切合别位先生，我不敢说；对我父亲早期的小说来说，我看是十分中肯的。

“小说二集”选了俞平伯、罗家伦、杨振声三位先生的作品各一篇，汪敬熙先生的作品两篇；都是发表在《新潮》上的。鲁迅先生在《序》中逐篇作了扼要的评介，又说他们“究竟因为是上层的智识者，所以笔墨总不免伸缩于描写身边琐事和小民生活之间”。接着说，“欧阳予倩致力于剧本去了，叶绍钧却有更远大的发展。”鲁迅先生没有选欧阳予倩先生的作品，因为在“第一个十年”中，他的主要作品是剧本；也没有选我父亲的作品，因为我父亲是文学研究会的，理应归入“一集”，评论也应该让选编“一集”的茅盾先生去写。鲁迅先生在前边列举了在《新潮》上发表小说的六位作者，自然应该对每一位都作个交代，所以最后极其概括地提到了我的父亲。

“叶绍钧却有更远大的发展”，当然是赞誉，从上文连下来看，就可以知道是跟在《新潮》上发表小说的别的作者相比较而言的。俞平伯先生并未着意于写小说，选入“二集”的那篇《花匠》，说是散文，也没有什么不可以。罗家伦先生留学回来热衷于做官，不再写什么小说了。汪敬熙先生和杨振声先生，在“第一个十年”末期也停笔了。鲁迅先生在“二集”的《序》中，对他们两位稍后的转向是有所批评的。说汪先生“好像终于没有自觉，或者忘却了先前的奋斗，以为他自己的作品，是并无‘什么批评人生的意义’了”。说杨先生正好跟汪先生相反，“他‘要忠实于主观’，要用人工来制造理想的人物”，并以他的作品《玉君》为例，说他把玉君“创造出来了，然而是一定的：不过一个傀儡，她的降生也就是死亡”。“欧阳予倩致力于剧本去了”，“第一个十年”之后还在写小说的只剩下我父亲一个了，还在“有所为”地把小说作为“改革社会的器械”。鲁迅先生说我父亲“有更远大的发展”，着眼点恐怕在这里。

第三段是分析鲁迅先生对叶圣陶文学创作说的第三句也是最后的一句话，鲁迅是在复一位日本友人的信中说的，信后又译出发表，叶圣陶及家人是较晚才见到的，至善曾让我请北大日文教授看看，译文是否准确，后知道译文无误。鲁迅先生这句话说得比较明白，叶至善在第三段分析回答时，说得也明白干脆，也不长：

鲁迅先生1936年2月3日给增田涉的信，主要答复这位日本友人来信中提出的问题。复信的第二段说：“《新文学大系》的事，已于年前问过，书店说从一册到九册均已寄出，未知确否？盼复，如不确，当再查询，第十册尚未出版。”第三段只一句话，就是“叶的小说，有许多是所谓‘身边琐事’那样的东西，我不喜欢”。后边几段就说别的事了。增田涉是怎样问起我父亲的小说的，现在无从查考。从复信的第二段推想，他可能收到了“小说二集”，看到鲁迅先生在《序》中提到我父亲的那句话，顺便问一声罢了；要不，鲁迅先生的答复绝不会这样简单的。

鲁迅先生不喜欢“所谓‘身边琐事’那样的东西”，在“小说二集”的《序》中已经有所表示了。我父亲拘泥于写自己熟悉的事物，把身边的小事作为小说的材料，是不可避免的。但是小事不一定就是“琐事”，鲁迅先生自己，不也常常把身边的小事作为小说的材料吗？我看“小事”与“琐事”是有区别的，区别大概在于有没有普遍的社会意义，所以大家并不把鲁迅先生的《一件小事》看作“身边琐事”。鲁迅先生不喜欢的“身边琐事”到底指哪一些，倒是个值得研究的问题。对我父亲的小说，他虽然没作更多的评论，有他自己的译著在，有他对别人的作品的评论在，这个问题想来是不难弄清楚的。

有人觉得有点儿奇怪，在“小说二集”的《序》中，鲁迅先生才说过“叶绍钧有更远大的发展”，过了十个来月，怎么又说不喜欢“叶的小说”了呢？有人说，鲁迅先生不喜欢的是“所谓‘身边琐事’那样的东西”，虽然有“有许多”，并非全部都是。也有人说这两句话说的是两码事，有没有发展是客观事实，喜欢不喜欢是个人爱好：意思是不能用后一句来否定前一句。两种解释都有为我父亲辩护的倾向，我当然也十分感激。如果问我怎么看，对前一句，我已经说过大概是在划定的范围内比较而言的；重要的倒是那篇《序》中的另一句，对“有所为而发和把小说作为‘改革社会的器械’”的肯定。至于后一句，可以作另一种解释：如果把“有许多是所谓‘身边琐事’那样的东西”看作“叶的小说”的补语，意思就不是指部分，而是全都不喜欢了。——我总也改不了咬文嚼字的这个毛病。

叶至善这篇文章写得认真，他说意见如何只好请大家看看吧。我想有更多关心、爱读叶圣陶文学作品的人能看到至善这篇文章，因为该集刊印数较少，才两千册，所以多引了叶至善文章的原文。

记叶圣陶与巴金二三事

一

巴金初出茅庐，踏入文坛之时，还是一位不曾引人注目的青年。文学期刊的编辑适时地向他伸出了热情之手，使他顺利地充满信心地迈开了第一步。

1927年至1928年巴金旅居巴黎求学期间，写出了第一部长篇小说《灭亡》。1928年8月，巴金从法国一座小城沙多吉里把它寄回祖国，给当时在上海开明书店门市部工作的友人索非，征求他的意见。索非将这部稿子介绍到影响广泛的《小说月报》。其时，《小说月报》的编者郑振铎赴欧洲游学，临时由同是商务印书馆编辑的叶圣陶、徐调孚接替。叶圣陶和郑振铎同是文学研究会的主干，五四新文学运动时期的活跃人物，当叶圣陶接读《灭亡》原稿时，很为这位陌生的作者高兴，决定尽快刊发，连载四期。该刊1929年4月号（第20卷4月号）叶圣陶以记者的名义所写的《最后的一页》中说："巴金君的长篇创作《灭亡》已于本月号刊毕了，曾有好些人来信问巴金君是谁，这使我们也不能知道，他是一位完全不为人认识的作家，从前似也不曾写过小说，然这篇《灭亡》却是很可使我们注意的，其后半部写得尤为紧张。"同年12月号（第20卷12月号）编者又以记者名义写了《最后一页》，再次推荐这部小说，说本卷刊了两部长篇：巴金的《灭亡》和老舍的《二马》，“这两部长著在今年的文坛上很引起读者的注意，也极博得批评者的好感，他们将来当更有受到热烈的评赞的机会的”。

《灭亡》在 1929 年 1 月号至 4 月号的《小说月报》上连载了四期，同年 9 月，小说单行本由开明书店出版，二十四岁的巴金开始在文坛上大受瞩目。对此，巴金称“《小说月报》是当时的一种权威杂志，它给我开了路，让我这个不懂文学的人顺利地进入了文坛”（《巴金选集·代序》，四川人民出版社，1996 年）。而此时，据《随想录》中文本记载，

叶圣陶主编的《小说月报》发表了巴金的第一部长篇小说《灭亡》

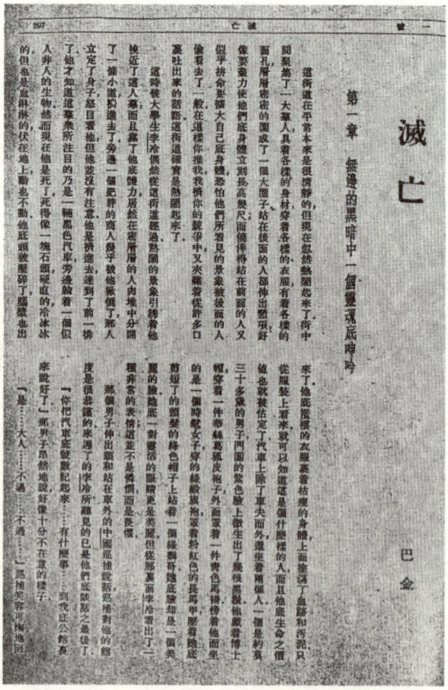

297 滅亡

滅亡

巴金

第一章 無邊的黑暗中一個靈魂底呻吟

這街道在平常本來是很清靜的，但現在忽然熱鬧起來了，街中間聚集了一大羣人，具着各樣的身材，穿着各樣的衣服，有着各樣的面孔，層層密密的圍成了一個大圈子，站在後面的人都伸出頸項，好像要盡力使他們底身體立刻長高幾尺，而彷彿得站在前面的人又似乎拚命要伸大自己底身體，恐怕他們所看見的景象被後面的人偷看去了一般，在這樣你推我，我擠你的競爭中，又夾雜着從許多口裏吐出來的話語，這街道確實是熱鬧起來了。

這時候大學生李冷偶然從這街道經過，熱鬧的景象引誘着他挨近了這人羣，而且靠了他底體力，居然在密層層的人肉堆中分開了一條小道，擠進去了，旁邊一個肥胖的商人幾乎被他擠倒了，那人立定了身子，怒目看他，但他並沒有注意，他是擠進去達到了前一排了，他才知道這羣人所注目的乃是一輛黑色汽車，旁邊躺着一個似人非人的生物，然而現在他是死了，死得像一塊石頭，硬直的，冷冰冰的，但也是血淋淋的，伏在地上，動也不動，他底頭被壓碎了，腦漿也出來了，他底襤褸的衣服裹着枯瘦的身體，上面塗滿了血跡和污泥，只從服裝上看來，就可以知道這是個什麼樣的人，而且他底生命之價值也就被估定了，汽車上除了車夫而外還坐着兩個人，一個是約莫三十多歲的男子，圓圓的紫色臉上微生出了幾根鬍髭，他戴着博士帽，穿着一件寧綢葛狐皮袍子，外面罩着一件青色馬褂，傍着他而坐的是一個時髦女子，穿的綠緞旗袍，罩着粉紅色的長馬甲，壓着她底剪短了的頭髮的綠色帽子上站着一個綠鸚哥，她底臉卻是一個美麗的臉，她底一對靈活的眼睛更是美麗，但從那裏面李冷看出了一種非常的表情，這並不是憐憫，而是厭憎。

那個男子伸出頭和站在車外的中國巡捕說話，惡地對他的態度是很恭謹的，李冷所聽見的已是他們底談話之最後了。

「你把汽車底號數記起來……有什麼事……到我底公館裏來說好了。」那男子昂然地說，好像十分不在意的樣子。

「是……大人……不過……不過……」巡捕笑容可掬地回

巴金“并不认识叶圣老，也不曾跟他通过信”。后来，巴金和叶圣陶虽然见过面，也有过简短的交谈，但叶老说，因长期住在两个城市，见面的机会不多，话叙的机会更不多。叶圣陶现存有一封巴金给他的信，从信的内容推算，写信的时间大约是1959年，在信中巴金对叶老扶持之情表达了感激：

> 圣陶先生：读您的信感到特别亲切，我的旧作现在读起来，实在太不像样，我把它寄给您，不过表示一点感激之情，三十年前我那本拙劣的小说意外地转到您的手里，您过分宽容地看待它，使我能够走上文学的道路。虽然我始终未写出较好的作品来报答您的鼓励，但是我每次翻阅旧作，就想起我从您那里得到的那点温暖，我高兴今天能够向您表示我的感情。敬祝　健康　巴金　五月十三”（《叶圣陶画传》，人民教育出版社，2003年）

1981年巴金《致〈十月〉》一文发表，文中又表达了他对叶圣陶知遇之恩的感激：

> 我在一些不同的场合讲过了我怎样走上文学的道路，在这里，我只想表达我对叶圣陶同志的感激之情，倘使叶圣陶不曾发现我的作品，我可能不会走上文学的道路，做不了作家；也很有可能我早已在贫困中死亡。作为编辑，他发表了不少新作者的处女作，鼓励新人怀着勇气和信心进入文坛。

上文所提“不少新作者”，除巴金外，还包括丁玲、胡也频、戴望舒、施蛰存等人，由此，叶圣陶与当年文坛新秀的故事经常为人称道。然而，叶圣陶本人对此并不居功，他在《记我编〈小说月报〉》一文中做了如下回应：

> 现在经常有人说那两年的《小说月报》影印出来了，大家翻一下目录就会发现，在那二十四期中，新出现的作者并不是很多，就只是人们经常提起的那几位，他们的名字能在读者的心里生根，由于他们开始就认真，以后又不懈地努力，怎么能归功于我呢？

我只是仔细阅读来稿，站在读者的立场上取舍而已。如果稿子可取，又感到有些可以弥补的不足之处，就坦率地提出来跟作者商量，这些是所有的编辑员都能做到的。还有一点必须说明，那两年的编辑工作是徐调孚兄跟我一同做的。

二

1928年回国后，巴金在上海定居下来，和索非住在一处，起初是写短篇或翻译向报刊投稿，后来，编辑们就主动向他索要文章了。1931年，叶圣陶向索非要巴金的稿子，为主编的《妇女杂志》组稿。巴金写了《亚丽安娜》交给索非转过去，很快便又刊出。同年，叶圣陶离开商务印书馆，到开明书店编《中学生》月刊，巴金原是这杂志的撰稿人，也继续为它写稿，但很少有机会见到叶圣陶。1931年至1940年期间，开明书店先后出版了巴金的“激流三部曲”、“爱情三部曲”、中篇小说《死去的太阳》、翻译作品《爱罗先珂童话集》等、散文集《点滴》等以及《巴金短篇小说集》前两集。期间，叶圣陶为《海底梦》、《家》以及《巴金短篇小说集》第一二集分别做了广告。巴金在《我的写作生涯》中这样写道：

我尊敬他为“先生”，因为他不仅把我送进了文艺界，而且他经常注意我陆续发表的作品，关心我的言行。他不教训，只引路，树立榜样。

在《随想录》中，巴金也提及，回国一段时间后交友增多，约稿也增多，迫使自己常常用文字做应酬，在这个暑期叶圣陶托其朋友索非带口信给巴金，劝其慎重发表文章。《灭亡》发表出版不久，巴金又写了中篇小说《死去的太阳》投寄给《小说月报》，结果被退了稿。叶老有次谈起这件事，他说，有些研究巴金的著作，说《死去的太阳》是被《小说月报》编辑部退稿的，其实就是我决定退稿的，具体原因记不太清楚了，

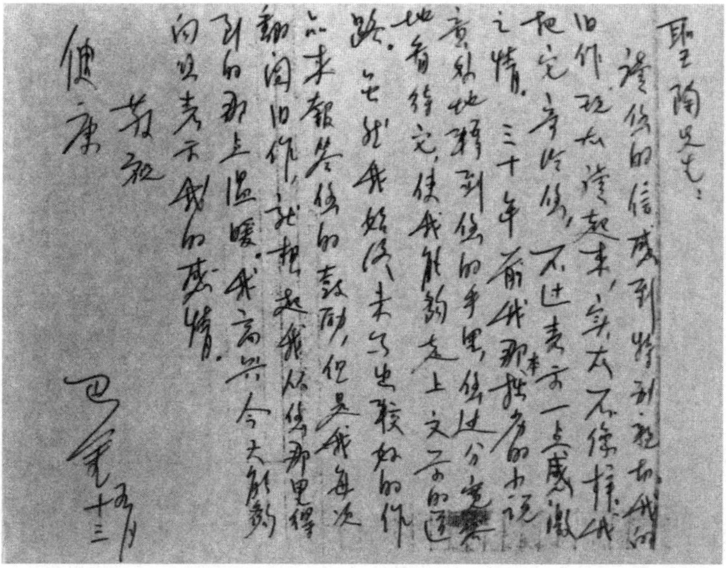

圣陶先生：
读您的信，感到惭愧，我的
旧作经您读起来，实在不像样。我
把它完全修改了，不过表示一点感激
之情。三十年前我那本拙劣的小说
意外地转到您的手里，经过您的审
地看完，使我能够走上文学的道
路。虽然我始终未写出较好的作
品来报答您的鼓励，但是我每次
翻阅旧作，就想起我从您那里得
到的那点温暖。我高兴今天能够
向您表示我的感情。
敬祝
健康
巴金
五月十三

1959 年，巴金致叶圣陶的信。

只觉得这个小说不如《灭亡》自己的生活内容多，所以退回去建议他加以充实修改。叶老说，当时他和巴金没有什么联系，都是通过他的朋友索非带话。索非说巴金对退稿没有意见，感谢提了这么多修改意见，后来经过巴金认真的较大修改还是由开明书店出版了。叶老说，巴金最初给他的印象就是谦虚。1949 年初北平解放后，叶圣陶辗转取道香港北上，期间还特意向友人打听巴金的消息，对此，巴金回忆如下：

> 1949 年初北平解放，叶圣老他们从香港到了北方，当时那边有人传说我去了台湾，他很着急，写信向黄裳打听，黄裳让我看了他的来信。几个月后我去北平出席第一次全国文代会，我紧紧握着他的手，我们谈得很高兴。

更令人感动的当属“文革”前后两人的相互关怀与鼓励。

“文革”期间，叶圣陶虽也遭难，但不如巴金受磨难多。他时常想念一些老朋友的近况。1973 年 5 月，经中央统战部安排，去江南参观，要路过上海，想借机去看几位朋友，他听说巴金没问题了，已回家住，急切想去探望，结果还是被“四人帮”阻拦，叶老大为失望。

1977年5月25日，《文汇报》发表了巴金的《一封信》，这是粉碎“四人帮”后巴金的第一篇文章，他诉述了自己的遭遇：

过去我只能在书中读到的或者听见人讲过的一些事，现在我都亲身经历了；有些事则是过去我想不会有的，而现在我的朋友终于遇到了的，如杀人灭口、借刀杀人之类。十年中间我没有写过一篇文章，只写了无数的“思想汇报”，稍微讲了一两句真话，就说你翻案。连在日记本上写了几句简单的记事，也感到十分困难。我常常改了又改，改了再改，而后终于扯去，因为害怕连累别人。我知道我只有隐姓埋名地过日子，让人们忘记，才可以躲开黑帮们的大砍刀。他们用种种的精神折磨和人身侮辱对付我，处心积虑要使我以后永远不能再拿起笔。

叶圣老看到这封信后，即从北京寄赠巴金一首诗，即《赠巴金同志》(又称《巴金兄索书作此赠之》)：

诵君文，莫记篇；交不浅，五十年。平时未必常晤叙，十年契阔心怅然。今春文汇刊书翰，识与不识众口传：挥洒雄健犹往昔，蜂虿于君何有焉？杜云古稀今日壮，伫看新制涌如泉。

巴金看到后深受鼓舞与感动，回信表达了内心的感激以及对叶圣陶的关心：

收到您给我写的字，十分感谢。看到您的工整的手迹，仿佛见到您本人；读到您的诗，想起五十年中得您不止一次的鼓励，感到温暖。我珍惜您的片纸只字，也牢记您的一言一语，这些都是对我的鞭策。我不会辜负您的期望，我要学到老，改造到老，写到生命的最后一息。

10月初我参加上海代表团到京瞻仰主席遗容，但只在旅社住了一夜，而且全是集体行动，没有能去看望您，非常抱歉。

1981 年 4 月 13 日，巴金去叶家探望叶老（叶至善 摄）

左起：作者、李小林，巴金、叶圣陶、叶至善（1985 年 3 月 27 日）（兀真 摄）

您的眼病大概好了吧，听人说您的听力有些衰退，请您多多保重。祝好！

这一年，叶圣陶八十三岁，巴金七十三岁。

1978年，两人在人大会场上终于得以相见，巴金也终于如愿登门拜访叶圣陶，送上了一坛好酒。叶至善为两位老人在庭院海棠树旁摄影留念。叶老看着照片说，想不到巴金也满头白发了。

此后，两人见面虽不多，但保持信件往来并相互赠书。1983年1月，巴金给叶圣陶寄赠了《真话集》，叶圣陶在收到书后给巴金写了回信：

巴兄惠鉴：昨日收到寄赠的《真话集》，签名处说明写于病床，观此手迹，遥念不已。七八年夏秋间，我以割胆结石卧床三个多月，以后起身，履地，举步，都像幼儿似的重新学习，渐渐恢复原有能力。此中亦有趣味，不觉得如何难堪。您用牵引法治疗，须卧床六周，想亦不以为甚烦恼。见病床上能题字，且能撰发言稿，殊感欣慰。书此伸谢，并请 痊安。叶圣陶 八三年一月六日

1984年叶圣陶胆病复发入院开刀，身在上海的巴金闻此特地托友人送花表达慰问，之后，便有了叶圣陶《巴金托吴泰昌携花问疾作此赠之》，诗曰：

巴金闻我居病房，选赠鲜花烦泰昌；苍兰马蹄莲共囊，插瓶红装兼素装。对花感深何日忘？道谢莫表中心藏。知君五月飞扶桑，敬颂此行乐且康。笔会群彦聚一堂，寿群八十尚南强。归来将降京机场，迎候高轩蓬门旁。

这一年，叶圣陶九十岁，已轻易不再动笔，但这首完整的七言专赠巴金。巴金嘱我送鲜花给在医院的叶圣老时，告他5月去日本访问，回来如过北京，定去看望，所以诗中有“知君五月飞扶桑，敬颂此行乐且康。……归来将降京机场，迎候高轩蓬门旁”。巴金回国临时决定直

1985 年 3 月 27 日上午 9 时，叶圣陶在北京医院病房迎候巴金（作者藏）

接回沪，当叶老知道这个讯息，颇为失望。

1985 年 3 月，巴金到北京参加全国政协会议。巴金 1983 年在政协第六届全国委员会上和叶圣陶一同当选为全国政协副主席，八三、八四两年的全国政协会他因身体原因请假未来京参加，而这次来京一定要先去探访叶圣陶和冰心。此时，叶圣陶因病正住在北京医院。会议期间，巴金抽空去看望老友。3 月 27 日上午，我陪巴老去看望了叶圣陶、周扬、沈从文。9 时去北京医院北楼，先看叶圣老，我在《我亲历的巴金往事》（修订本）（三联书店，2010 年）书中对这两位老人最后一次相见时的场景有过描述：

> 三年没有进京了，巴金一下飞机刚住定，就说这次想去看看几位老朋友。他特别提到去探访叶圣老和冰心。3 月 26 日晚，我去叶家告诉至善巴老明天上午 10 时去北京医院看叶老。至善提前到医院。当巴金到达病房时，叶老已经焦急不安地坐在沙发上等候了。小林、小棠和我陪同。他俩紧紧地互握双手，喜不自禁地相视了好一会儿。巴老先打开话匣子："叶老，您好！我们都很想

1985年3月27日，巴金到北京医院看望叶圣陶，二老愉快交谈（吴泰昌摄）

念您。”叶老深情地叮嘱：“您要多加保重！”他招呼巴老在沙发上坐下。然后把早就准备好的一本新近出版的《叶圣陶散文》（甲集）送给巴金。巴金接过书，认真地翻看了封面和目次，很高兴地说：“叶老，这些年您写了这么多，您要多注意休息。”叶老听了，反而劝巴金：“我写不了什么了，您还年轻，注意身体，多写点。”在叶老眼中，巴老似乎是永远年轻的。至善、小林、小棠和我都坐在一旁，听二老如此亲切愉快地交谈，竟忘了这里原是间病房。

巴老很珍惜这次与叶老的见面，他在《我的责任编辑》中说：

愈之走了。叶老还健在，我去年上北京，他正住院，我去医院探望，闲谈间他笑得那样高兴。今天我仿佛还听见他的笑声。分别十几个月，我写字困难，心想他写字也一定困难，就不曾去信问候他。但是我对他的思念并未中断。我祝愿他健康长寿，也相信他一定健康长寿。五月十五日。

叶老晚年不时有病住院，他挂念着巴金的身体，这个时期，我常去上海出差，每次回京去看望叶老时，他都总关切地问起巴金的近况，最关心的是他的身体，这些问候的细节在他的日记中多有记载。

三

倡议成立中国现代文学馆，是巴老晚年除写作《随想录》外，“最大一件工作”、“最后一件工作”。倡议成立现代文学馆，他思考了很久。他在1980年12月写的《创作回忆录·关于〈寒夜〉》和《创作回忆录·后记》中透露了这个想法。1981年3月12日《人民日报》副刊发表《创作回忆录·关于〈寒夜〉》，将他倡议成立中国现代文学馆的想法正式公开了出去。他说：

> 我建议中国作家协会负起责任来创办一所中国现代文学馆，让作家们尽自己的力量帮助它发展。倘使我能够在北京看到这样一所资料馆，这将是我晚年的莫大幸福，我愿意尽最大的努力促成它的出现，这个工作比写五本、十本《创作回忆录》更有意义。……出版这本小书，我有一个愿望：我的声音不论是微弱或者响亮，它是在替中国现代文学馆的出现喝道。让这样一所资料馆早日建立起来！

巴金的这个倡议就如扔下了颗石子，在文坛激起了强烈的回响。病中的茅盾非常赞成这个建议，并表示要把他全部创作资料提供给文学馆。茅公说30年代初创作长篇小说《子夜》，原来的题目叫《夕阳》，讽喻国民党的日趋没落。本以为这部原稿已毁于上海“一·二八”的战火中，后来才发现《夕阳》原稿居然还保存了下来。这部写于半个世纪之前的原稿，还能幸存，实在感到无限的庆幸。他说，文学馆成立的时候，他将把自己全部著作的各种版本、包括《夕阳》在内的原稿，都送由文学馆保存。叶圣陶、冰心、夏衍等也热烈支持。

1981年6月16日，中央批准由中国作协负责建立中国现代文学馆，10月13日成立了中国现代文学馆筹备委员会。1982年4月，北京市批准将万寿寺西院移交给现代文学馆作为临时馆址。正在文学馆馆址

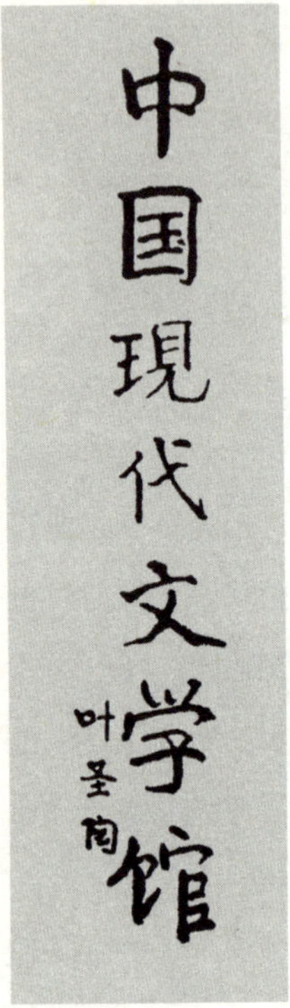

叶圣陶为中国现代文学馆题写的馆名

移交手续办理过程中，有天，筹备会主任罗荪找我，叫我为文学馆去办件事。罗荪当时又是《文艺报》主编。他说，文学馆总算有了个地方，不管是不是临时的，具体事要一件一件抓紧做起来。巴老考虑周到，说请叶圣老题写馆名。这事你去办一下，向叶老说明这是巴金的意思。罗荪叫我快办，我懂他的意思，叶老毕竟是八十多岁高龄的老人了。我当晚去了叶家，向叶老转达了巴金的这个希望，叶老欣然同意。没过两天，叶老家里人电话叫我去。我一到客厅，叶老说你的任务完成了。他横竖写了两条中国现代文学馆馆名。次日，我将叶老写的馆名交给罗荪，罗荪看了很兴奋，并说当晚给巴老去电话。巴金在1982年8月写的《再说现代文学馆》中，又为尽快落实馆址呼吁，他说："首先是房子，至今还没有落实，文学馆的招牌早已由八十八岁老人叶圣陶同志写好，就是找不到地方挂出来。"1985年3月26日，巴金去万寿寺出席中国现代文学馆开馆典礼，他抵达时，特意在文学馆大门口驻足仔细看了悬挂着的叶老题写的馆名。

现在的中国现代文学馆新馆，共ABC两座楼，B座上面悬挂着叶圣陶书写的中国现代文学馆馆名；C座上面悬挂着巴金书写的中国现代文学馆馆名，B与C紧连，中国现代两位文学大师永在！

四

1986年，叶圣陶和巴金共同的老朋友胡愈之去世，巴金写下了《我的责任编辑》一文，其中详细记述了他与叶圣陶的浓厚友谊，更是表达了自己真挚的感激之情：

叶圣老还是我的老师。这样的老师我也有不止一位，而叶圣老还是我的头一本小说的责任编辑。我还说过他是我一生的责任编辑，我的意思是——写作和做人都包括在内。当然我的一切应当由我自己负责，但是我的一举一动、一言一行，我每向前走一步，总要想到我那些朋友，我那些老师，特别是我的“责任编辑”，那就是叶圣老，因为他们关心我，我不愿使他们失望，我不能辜负他们对我的信任，我今天还是这样想，还是这样做，还是这样地回忆那些忘不了的往事。

1988年2月9日，叶圣陶在北京医院辞世，而这一天恰是农历除夕。出于对巴老身体状况的担忧，不想让巴老过早知道这个消息，我和叶家商量中午特意给巴老拍去了贺节的电报，但巴金还是从新闻中得知了这一噩耗。悲痛之时，巴金听不进家人“该吃年夜饭了”的催促，稍事平静后，他在第一时间亲自与叶至善通话，表示慰问和哀悼。

2月18日，巴金口授唁电如下：

病中惊悉叶圣老逝世，不胜哀悼。谨电吊唁，并致慰问。圣老是我一生最敬爱的老师，他以身作则，给我指出为文、为人的道路；他的正直、善良、诚恳的形象，永远活在我的心中。

在1989年所作的《怀念振铎》一文中，巴金再一次表达了对叶圣陶的感激与怀念，尤其是叶圣陶对他的影响：

今天，他已不在人间了，而我拿笔的机会也已不多，但每一执笔总觉得他在身后看我写些什么，我不敢不认真思考。

2005年10月17日，巴金在上海逝世，享年一百零一岁。今年恰逢叶老一百二十诞辰，巴老一百一十诞辰。

“不看评我的文章”

叶圣陶先生作为五四新文化运动的先驱者之一，在小说、散文、新诗、童话创作和发现、扶植青年作家等方面，对我国现代文学的诞生和发展，都作出过重要的贡献。但在上个世纪中叶之前，虽也有一些文章，在关注、议论先生的创作，却多系对其某一名作的重复评价，而缺乏全面的、系统的研究专著。那时，沈金梅（笔名金梅）有意在填补这一空白，但因十年“文革”而未能完成。到 70 年代后期又重拾旧稿，为了向叶老咨询有关他创作上的问题，并能得到他的支持，金梅从 1977 年 8 月起给他写信。信中除了向他汇报正在写作一部研究其创作的专著，还请求他在全稿完成以后，能审阅一遍。叶老在收到金梅第一封信后第二天即复信说：“大札昨日转到，诵悉种种。我所作素不自满，听人谈起，常觉汗颜。足下乃欲综论之，虽不敢劝阻，私心总以为似可无须。”叶老向来以那种谦逊与平常心，去看待有人在研究其创作这类事。对金梅的此举也不例外。

金梅的《论叶圣陶的文学创作》，上海文艺出版社《中国现代文学研究丛书》之一，1985 年 4 月初版。金梅是我的同窗好友，又同在《河北文艺》工作过，是叶圣陶作品的爱好者。他不只“爱好”而且“研究”。

他在上世纪 70 年代末开始与叶圣老书信往来，求得帮助，并希望叶老能审阅一下尚未出版但已完稿的书稿或其中部分章节。他在天津，和叶老没有什么接触。叶老当时已八十多岁高龄，体力不济，眼睛更不便阅视。特别对写自己的稿子一律不看。金梅求贤帮助心切，多次写信向叶老提出希望和要求，可以理解，叶老也多次复信，叶至善考虑到父亲未能在复信中将自己的一贯想法讲清楚，于 1982 年 3 月 29 日给金梅写了一封较长的信，信中说：寄给我父亲的稿子，我父亲没有看。有两个原因：一是你知道的，他八十八岁，视力极度衰退，书报都没法看，不要说钢笔书写的上万字的稿子了；二是他一向不看谈到他的稿子，他以为评论作者，是评论家的权利（当然也有向读者负责的义务），作者无权对评论家施加任何影响。父亲不看，我还是看了。因为我知道你跟我父亲是经常通信的。如果毫不相识的作者，我也不看。我遵循父亲的原则，只是把我能看出来的与事实不符的地方指出来，对评论家的观点不提任何意见，不施加任何影响。我一边看，一边用铅笔把见到的记在稿纸边上，字迹不很清楚，笔淡也在所难免，请原谅。还附带说一声，这样的事，我也只能偶尔为之。我实在忙得不可开交。父亲的事几乎全压在我身上（从秘书到勤务员警卫员），从生活到工作安排；我自己也不是个闲人。常看到有人给我父亲写信，提出一连串问题，最后说："知道您年纪这么大，事情这么忙，是否请至善复一下吧。"我好像空着身子在等待任务似的，不由得只好苦笑了。他们大概不知道我也六十四岁了（许多文艺界的人都以为我是个青年），还想赶着把打算写的东西全写出来。而现在，我简直很难挤出时间来。

叶老在与金梅的十几封通信中透彻谈了被评作品的作者与评论者的关系，是平等的、相互理解相互尊重的。叶老在 1980 年 6 月 24 日的复信中说：

> 我向有想法，评论某人之为人或著作，只须直抒己见，不必交某人过目。评论写成，刊布于报志，俟读者辨别其当否。在被评之某人，此时亦为读者之一，如觉言之中肯，当然会心一笑，如觉说得欠当，亦宜承认作者有其言论思想之自由，不加责备。

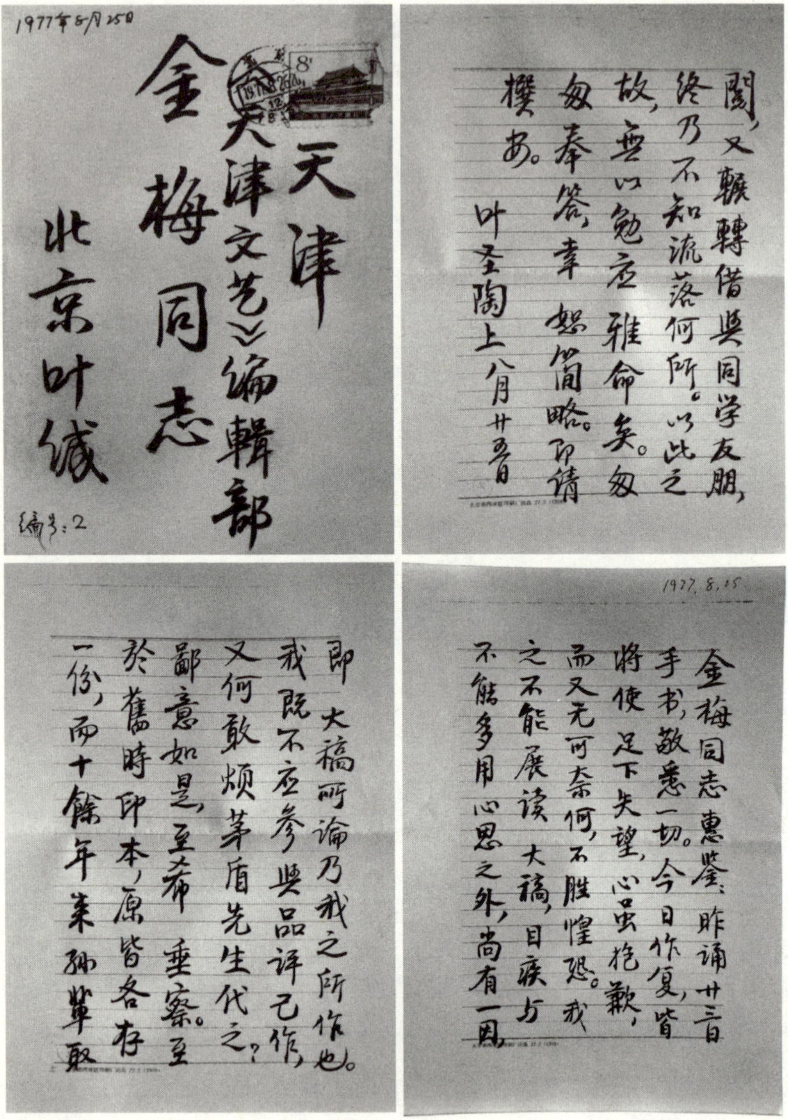
1977年8月25日

天津《天津文艺》编輯部

金梅同志

北京叶缄

编号：2

1977，8，25

金梅同志惠鉴：昨诵廿三日手书，敬悉一切。今日作复，皆将使足下失望，心虽抱歉，而又无可奈何，不胜惶恐。我之不能展读 大稿，目疾占不能多用心思之外，尚有一因，即 大稿所论乃我之所作也。我既不应参与品评己作，又何敢烦茅盾先生代之？鄙意如是，至希 垂察。至於舊時印本，原皆各存一份，而十餘年来孙輩取阅，又輾轉借與同学友朋，终乃不知流落何所。以此之故，无以勉应雅命矣。匆匆奉答，幸恕简略。即请撰安。

叶圣陶上 八月廿五日

叶圣陶致《论叶圣陶的文学创作》作者金梅的复函（1977年8月25日）

因我之想法如上述，每有友好寄示评论及我之文篇，辄不置可否，乞求容恕，返璧归赵。今足下来书，谈此相同，故亦照此处理，务请谅解为事。

叶老认为“评论最宜瑕瑜并举，则于读者作者两皆有益”（1980年1月10日叶老信）。叶老在同年10月13日的信中又说：“我想作者评者各有其自由，作者只须自信其文值得写，而且认认真真写，就可以打算发表。批评是人家的事，评得对，我接受，评得不对，尽可不管。足下以为如何？”

在信中并且说：“‘教诲’两字，务请不要用。”叶老主张“作者评者各有其言论思想之自由”，叶老还在复信中多次谈到过作家如何对待与己有关的评论问题。1980年，金在吉林省《社会科学战线》杂志编辑出版的《现代文学论集》上，发表了一篇综论叶圣陶童话创作的文章。叶老在“大略翻阅”之后复信说：“知称誉过甚，使我惭愧无已。以我妄想，评论最宜瑕瑜并举，则于读者作者两皆有益。”叶老关于“作者评者各有其言论思想之自由”一说，对如何处理作家与评论家的关系问题，是很有现实指导意义的。如果我们的作家和评论家，都能相互承认并尊重对方的思想言论之自由，文坛上无谓的争议，也许会少一些吧。叶老和金梅在通信中，还谈到出版界存在的一些风气毛病。叶老在1979年10月13日的复信中说：“出版界唯名唯亲之情形似乎确有之，只能盼望解放思想，逐渐去此一病。”叶老这番意思，我也曾听他谈过。他说，现在有的写所谓名人的人，喜欢文章发表前请被写者先看一遍，如果被写者肯定了并说了些好话，对有的作者有好的影响，有时也会给出版社、编辑以不好的影响，不利于编辑独立地去处理作品的发表和出版。

我在北京，平日和叶老接触比金梅稍多，与至善也比较熟悉，叶老多次说，不看评自己的文章，这点我早就知道，并且严加遵守。金梅请我为他的这本书写序言，一直在犹豫，“文责自负”嘛，序写好没有送叶老和至善他们看就发了。

“能叙立达者唯孟实”

立达学园是上世纪20年代初在上海创立的一个教育宣传阵地。叶老多次谈起：现在知道立达学园的人不多了，但这是个在历史上发生过积极影响的机构，值得一记，我虽然与立达学园有点关系，但也只是“有点”，知之甚少，创办人大都走了，剩下的极少，容我想想谁合适来做这件事。

合适的人选就在眼前，合适叙谈此事的机会偶然有了。1980年9月12日，在四次文代会上新当选的全国文联主席周扬以文联名义在北京人民大会堂邀请参加人大、政协两个大会之文艺界人士晤叙，到者两百余人。叶老在当天的日记中说：

> 九月十二日，星期一　七点三刻的光景，偕至善、吴泰昌同到人大会堂，周扬以文联名义，邀参加人大、政协两个大会之文艺界人士晤叙，到者在二百五十人左右。余与朱孟实同桌，谈及立达学园之举办与其教育思想值得记载，孟实言近写自传中有叙立达学园之一段，可交余付刊物登载之。余近日正思能叙立达者唯孟实，今日忽知孟实已有所写述，为之大喜。此会虽云彼此交谈，实则仍是几个人轮次讲话。余但知讲话者有周扬、夏衍、巴金，而扩音器所传声音，余皆听不清楚。以下还有人讲话，余与至善先退出，回家。

我那天是为大会写报道被邀请去的，叶老叫我跟他的车一道去，也多个人照应一下。事也凑巧，叶老和孟实（朱光潜，1897—1986）同坐一桌，交谈方便，又两人的听力均不佳，数位发言人的讲话听不清，他俩正好自己谈。叶老近日考虑到现在能叙立达者唯孟实，今天有机会，正好面谈。也正巧，朱光潜正在写自传，其中一段正是写立达的事，也想请叶老看看这一段。叶老说："尽可能写详细点，我可以先看一下，也只能看看你有无误记的事，我们都上年纪了，几十年前的人和事，有时难免记不清或误记了，所以我自己不写回忆录。"叶老说起一个例子，他说，至善告诉他有人写文章回忆鲁迅，说去景云里看鲁迅，当年他也住在景云里，写者为了说明鲁迅处境的险恶，说明自己是冒着大风险去看鲁迅的，所以每次从正门进景云里，出来时是从后门离开景云里。叶老说，他记得清楚景云里是死胡同，没有后门可进出的。叶老说，他真弄不清，是自己记错了，还是写者误记了，如是真去过误记了还好说，如果根本没去过景云里这样"回忆"失真就不好了。叶老和朱先生办事心急，今天刚说立达的事，没几天朱老师从北大将写就的自传中的这一段放大复印寄给叶老了，叶老也戴眼镜用放大镜看完并改了几处误记的地方。至善电话叫我去家里，叶老将文稿给我，说："孟实写得够清楚，我帮改正的只是个别细末。"关于朱孟实和朱自清到春晖中学任教的时间，叶老对孟实文中的记忆有不同的说法，"孟实此文亦很明白。他说十二年下季应夏邀到春晖，当时佩之在教国文。佩之到校在孟实以前。若如谱载'十月八日到春晖'，则佩之到校与孟实同时，或且在后矣。此不可通。"叶老托我将这篇文章找个合适的报纸发出去。我说就给上海《解放日报》吧，叶老、至善都说很好，立达学园创办就是在上海。叶老在 9 月 20 日的日记中记着："九月二十日，星期六　与朱孟实书，为以其回忆立达学园之文已为改正误记之处，交与吴泰昌，托吴投寄适当之刊物发表。"

光潜老师自定的文章题目是：《回忆上海立达学园和开明书店》，

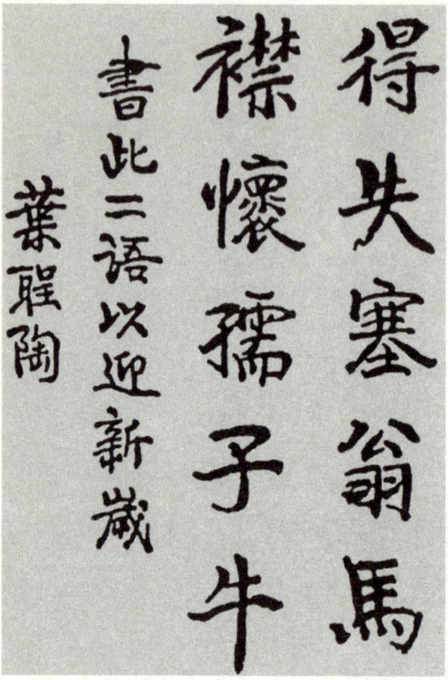

1980 年元旦为上海《解放日报》写的新年题词

后刊于 1980 年 12 月 2 日《解放日报》。

叶圣陶认为孟实这篇短回忆文章颇有历史文献价值。至少有两点，使人明白，一是立达学园是怎么弄起来的，哪些人弄的，它的宗旨。朱文中说，“1922 年夏天我在香港大学毕业后，就到上海吴淞中国公学中学部教英文……不多时，中国公学中学部在江浙战争中被摧毁了，我由文艺界老友夏丏尊先生的介绍，转到浙江上虞白马湖春晖中学。在短短的几个月之中，我结识了后来对我影响颇深的匡互生、朱自清和丰子恺几位好友。匡互生是春晖中学的教务主任，他和无政府主义者有些来往，特别维护教育的民主自由，而春晖中学校长是国民党的中央委员，作风有些专制。匡互生向校长建议改革（其中有让学生有发言权、男女同校等），被校长断然拒绝了。匡互生就愤而辞去教务主任职，掀起了一场风潮。我对匡互生深表同情，就跟他采取毅然决然的态度，离开春晖中学跑到上海另谋出路。离白马湖时有一批同情我们的学生到车站挽留我们，挽留不住，就跟我们一同跑到上海。到了上海之后，有一批老师，例如周为群、刘薰宇、丰子恺、夏丏尊等人也陆续转到上海。原在上海的一批文化界朋友，例如胡愈之、周予同、刘大白、陈之佛、夏衍、章锡琛等也陆续参加进来，组成了一个立达学会。我们商定办一所立达学园。”

朱光潜说：“不久，江湾校舍建成了，我们就迁到江湾，以立达学会的名义宣布了创办立达学园的宗旨。这份宣言是在匡互生授意下由我执笔的，公开提出了教育独立自由的主张。叫做‘立达’也有深意，来源于儒家‘己欲立而立人，己欲达而达人’两句话。‘立’指脚跟站得稳，或立场坚定，‘达’指通情达理，行得通。在‘立’与‘达’两方面，‘人’与‘己’有互相因依的关系，‘成己’而后能‘成物’，做到成物也才能真正地成己。这是‘解放全人类才能真正地解放自己’这一深刻的辩证思想的朴素表达方式，我们当时对马克思主义当然还茫然无知。叫做‘学园’而不叫做‘学校’，是要标明我们的‘学园’不同于当时一般的学校。这个词当然联想到希腊的‘柏拉图学园’的自由讨论的风气，但是更切实的意义是把青年当做幼苗来培养和爱护，使他们得到正常的健康的成长。此外，我们还有教育与劳动相结合的用意，准备由学园师生开垦一个农场，后来这个愿望也实现了。立达学园附近有一所劳动大学，这二者是有直接联系的，主持人都是无政府主义者。

“立达学园的教育自由的思想和作风，在当时北洋军阀淫威专制令人窒息的情况下，传播了一股新鲜空气，所以对进步青年有很大的吸引力，他们都争先恐后地来就学。在一些辛勤园丁的培养之下，他们之中有不少人后来在各自的岗位上成了无名英雄。……”

叶老说，二是立达学园与开明书店的关系，实际上，立达学园的创办者就是开明书店的开拓者。孟实在这篇短文中也说得清楚，“立达学会同人还筹办了开明书店。我们的目的是争取青年中学生，因为他们

1982年4月23日，叶圣陶去北大看望老友朱光潜（吴泰昌摄）

是社会中坚。所以开明书店从开办之日起就以青年为主要对象。我们首先出版了一种刊物，先叫《一般》，后改称《中学生》。在编辑方面出力最多的是夏丏尊和叶圣陶。‘开明’就是‘启蒙’，这个名称多少也受了法国百科全书派启蒙运动的影响。《中学生》这个刊物当时是最受欢迎的，除介绍一般科学知识和发表文艺作品之外，夏丏尊和叶圣陶两位主编特别重视语文教育方面的问题，曾特辟‘文章病院’一栏，以具体的例子，生动地说明了当时官方报刊的公文和社论的思想和语文的毛病所在以及治疗的方剂。这不仅讽刺了官样文章及其所表现的思想，也对当时的文风和学风乃至语文教学都起了难以估计的保健作用和示范作用。这个‘文章病院’至今还令我特别怀念。”

朱光潜在文章中说，开明书店除《中学生》这个刊物之外，还出了一些深受青少年欢迎的课本、文学作品和一般读物。他还记得丰子恺为开明的出版物作了一些插图，自画自刻，在漫画和版画乃至编辑方式的发展方面都起了推动作用。巴金和夏衍等著名作家的早年作品大半是由开明书店发表的。此外，还有些科学家如刘薰宇、顾均正、周予同等人也都是从开明发迹的。

叶老说，孟实说他的一些作品是开明书店出版的，别人以为他仅仅是一位作者，这是孟实的谦虚。朱光潜在文章中说，“就我个人来说，我应特别感谢开明书店对我的培育。我在夏丏尊、朱自清、叶圣陶几位老友的言教和身教下才开始放弃文言文，学写白话文。我在留学英法八年之中一直和开明维持着密切的联系。一到英国，我就不断地替《一般》和《中学生》写稿，后来由夏丏尊搜集并作序的《给青年的十二封信》这部处女作就是由开明印行的。这本小册子现在看来不免幼稚可笑，在当时却成了一部最畅销的书。原因大概在我反映出当时一般青年小知识分子的心理状况，在彷徨失望中摸索出路。从此我和广大青年建立起了友好关系，也不再愁写出文章没有地方发表和没有人看了。我在外国当学生时代写的几部主要的著作（《文艺心理学》、《谈美》、《诗论》、《变态心理学派别》）都是由开明书店印行的，所得到的稿费大大减轻了在官费经常扣发的情况下一个穷学生必然要面临的灾荒。所以想到立达学园和开明书店，我总是怀着感激的心情。”

叶老说，孟实和丰子恺、胡愈之都很熟。“文革”后，丰子恺家人请孟实写过怀念子恺的文章，孟实写了并发表了。我告诉叶老，这篇文章题目叫《缅怀丰子恺老友》，刊上海《艺术世界》1980 年第 1 期。朱光潜在文章中说：

> 我认识子恺还在半个世纪之前。江浙战争把我在上海教书的一个学校打垮了，夏丏尊把我介绍到浙江上虞白马湖春晖中学教英文，那里同事的有夏丏尊、朱自清和丰子恺等人，我们课余闲暇时经常在一起吃酒聊天，我至今还记得子恺酒后面红耳赤，欣然微笑，一团和气的风度，这时他总爱拈一张纸乘兴作几笔漫画，画成就自己制成木刻，让我们传观，我们看后都各自欣赏，很少发议论，加评

语。当时我们向往教育自由，为着实现自己的理想，不久就相继跑到上海去创办一所立达学园和一所开明书店，并筹办一个以中学生为对象的刊物《一般》。我们白手起家，经常欣然微笑逍闲自在的子恺也积极参加筹备工作，我才看出他不只是个画家，而且也是肯实干的热心人。……他是弘一法师的徒弟，在人品和画品两方面都受到弘一的熏陶。我在白马湖时，弘一也来偶尔看望他。他曾一度随弘一持佛法吃素。抗日战争胜利后，弘一去世，子恺还不远千里由贵州跑到四川嘉定请马一浮为他的老师作传。当时我也在嘉定，乱离中久别重逢，他还是欣然一笑。我从此体会到他对老师情谊之深挚。解放后不久，他和我都当了政协委员，他每逢开会来京，相见仍是“欣然微笑”，可是最后一次他的健康和兴致都已不如从前。

其实，朱光潜过去还写过一篇关于丰子恺的文章。

叶老说，孟实和胡愈之相识很早，交往时间长，友谊也深。关于愈之，孟实抱病写了《胡愈之同志早年活动的片断回忆》（刊《文史资料》第8辑，1984年5月出版），愈之逝世后又发表了《挽胡愈老》（《人民政协报》，1986年1月31日），“以刻苦耐劳做了一世穷苦青年的楷模　以端方正直做了一代政治家的榜样”。叶老说，孟实那天告诉他，写愈之的那篇回忆短文，是愈之希望他写的，愈之说，了解自己早年的事的朋友太少了，特别是他在法国巴黎游学时的情况，那时他们相处频繁，交谈也多，愈之知道当时孟实身体不好，又在忙于完成翻译维柯的《新科学》，但他还是希望孟实哪怕写短些，好给后人留点资料。文稿写就后，孟实寄了一份给愈之看，他几乎没有动什么还了孟实。叶老说，我知道愈之早年就热心于世界语的介绍传播工作，但还没有像孟实在文章中回忆得那么具体生动。朱光潜在文章中说，“筹办立达学园之后，我和胡愈老接触就日渐多起来，他给我的印象是刻苦耐劳，勤勤恳恳。我们这一批人对当时北洋军阀统治下的政治现实和教育情况都深为不满”。

朱光潜说：

立达学园办起来之后，1925年我去欧洲留学，和胡愈老差不多同时出国。他到法国，进巴黎大学学习法文和法国文学。我赴英国，先后进爱丁堡大学及伦敦大学学习。英法只隔一个海峡，过海只要花几个小时，所以我同时在巴黎大学注册，时常过海听法语课并看望胡愈老和其他朋友。在这段时间里，我经常和他们在巴黎会面交谈。

胡愈老住在巴黎的拉丁区（大学区），在旅馆里租了一间很宽大的房子，房租每月约六百法郎。在当时的穷学生中这是很少有的，我住在巴黎郊区一位裁缝工人家里，每月房租只需三百法郎。胡愈老宁肯节省饭钱，往往到街头站着吃一种“鱼餐”，那是炸小鱼和土豆（而正餐则要花好几元）。他在吃的方面极其节省，而使住房宽敞一点，便于上课及参加各种社会活动，接待巴黎文化界各国人士。

我每逢进城上课，都要去看胡愈老。……

在我的印象中，胡愈老的大衣口袋里经常塞满报刊，大半是国际政治活动动态或是世界语方面的报刊。世界语和国际政治这是他当时最关心的两件事。他在巴黎很活跃，同各国左派留学生接触较多，并且开始研究世界语。胡愈老是在中国最早提倡世界语的，对世界语在中国的发展功劳很大。

朱光潜说，胡愈老从立达学园创建开始一直到现在，都是立达学园这一系列活动的大力支持者，是我国出版界主要的开拓者之一，新中国首任出版总署署长。他深情地说，“胡愈老是我生平最敬佩的一位老友。”

参加首届全国文代大会

叶圣陶于1949年3月由山东解放区进入已解放的北平市，中国来了个大变化，好不兴奋，他几乎天天在忙，忙于见老朋友，又相识了一些新朋友。在新中国成立前，大家都在为新国家出力，献计献策。叶老要参加新政协筹备的会议，要参加准备日后成立教育、出版机构的商讨会，要参加全国文协筹备会等等。

叶老在4月7日日记中记了成立编审委员会事，“胡绳来谈编审委员会组织事。此会属于华北政府。俟将来中央政府成立，当属于中央政府。拟定余为主任委员，乔峰与胡绳为副主任委员云。又杂谈编辑出版等事，十一时就寝。”又4月8日记载：“六时，应周扬、陆定一、晁哲甫之招宴。陆定一为中央宣传部长，晁为华北人民政府之教育部长。盖为编审委员会之事，故有此集。外有参加编审工作之人，及董必武、蓝公武、范文澜诸君。餐毕，略有谈话，即作为此会已经成立。”叶老曾谈过，这个“编审委员会”，就是中央人民政府成立后下属的出版总署的班底，胡愈之任署长，我和周建人任副署长，我还兼任了编审局局长。在这个岗位上，我干了五年，后才转到教育部去的。

首届全国文代大会于1949年7月2日在北平正式召开，7月19日会议结束，中华全国文学艺术界联合会（简称全国文联）正式成立。这次会准备了三个月，先成立了中华全国文学艺术工作者代表大会筹委会。大会筹备情况，叶老说：

> 有文献记载，随着北平的解放，大批华北解放区的文艺工作者来到北平，不久许多长期在国统区艰苦奋斗的文艺界朋友也陆续来到了这个文化古都，再加上原来在北平坚持文艺工作的朋友，这就形成了中国新文艺大军第一批的大会合。三月二十二日，华北文化艺术工作委员会和华北文协举行招待在平文艺界的茶会，郭沫若先生在会上提议：发起召开全国文学艺术工作者大会以成立新的全国性的文学艺术界的组织。全体到会文艺工作者都表示赞成。接着，就由原全国文协在平理监事和华北文协理事联席会议产生了一个筹备委员会，负责进行召开全国文代大会的一切筹备工作。
>
> 筹备委员会于三月二十四日举行第一次会议，正式宣布成立。筹备委员为郭沫若、茅盾、周扬、叶圣陶、郑振铎、田汉、曹靖华、欧阳予倩、柳亚子、俞平伯、徐悲鸿、丁玲、柯仲平、沙可夫、萧三、洪深、阳翰笙、冯乃超、阿英、吕骥、李伯钊、欧阳山、艾青、曹禺、马思聪、史东山、胡风、贺绿汀、程砚秋、叶浅予、赵树理、袁牧之、古元、于伶、马彦祥、刘白羽、荒煤、盛家伦、宋之的、夏衍、张庚、何其芳四十二人。常务委员为郭沫若、茅盾、周扬、叶圣陶、沙可夫、艾青、李广田。郭沫若任筹备委员会主任，茅盾、周扬任副主任，沙可夫任秘书长。

叶老说，筹委会的具体工作他做得不多，但也做了一点。如叶圣陶在4月8日日记中记：3时偕雁冰于乃超所居之永安饭店，共商文协大会之邀请代表名单。再就是积极支持5月4日创刊的《文艺报》，这份报是中华全国文学艺术工作者代表大会筹委会和首届中华全国文学艺术界工作者代表大会的机关报。我既是筹委会委员，又是大会主席团委员。叶老说，这次大会很重要，是长期被迫分离的解放区和国统区两支文艺大军的隆重会师，毛主席、周恩来副主席，朱德总司令莅临大

1949年9月，叶圣陶（右）与沈雁冰在政协筹备会议上

“毛主席在天安门上庄严宣布中华人民共和国成立，是1949年10月1日下午3时正。那天清晨，叶圣陶到华北人民政府教科书编委会主持升旗仪式，唱代国歌，在庆祝会上致了辞，摄了全体照。坐在叶圣陶左边的，依次是周建人、傅彬然、朱文叔；右边的，依次是宋云彬、丁晓先。11月1日，国务院出版总署成立，胡愈之任署长，叶圣陶与周建人任副署长。”——叶至善（叶圣陶第二排右五）

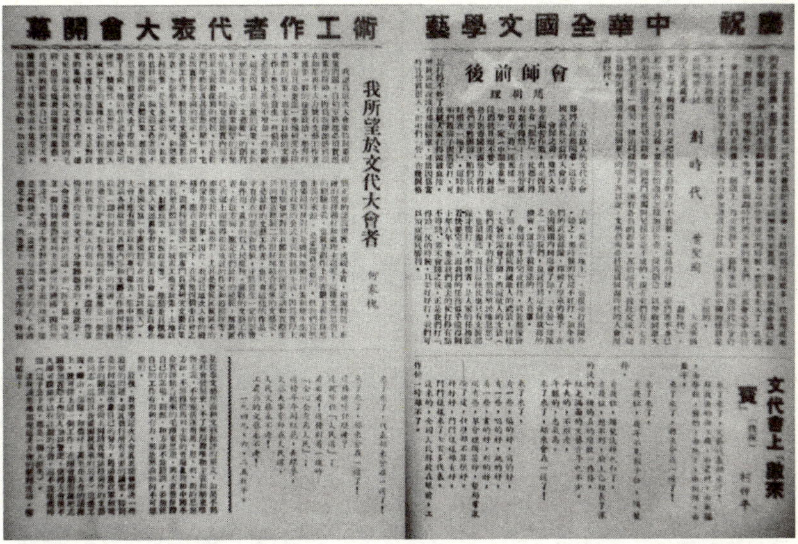

慶祝中華全國文學藝術工作者代表大會開幕

我所望於文代大會者

何家槐

會師前後

劃時代

葉聖陶

1949 年 7 月，叶圣陶为《文艺报》著文《划时代》

会，并作了重要讲话，使这次大会成为我国现代文艺运动史上重要的盛会。周恩来副主席为开好这次会，数次召集有关人士通宵达旦地了解情况，统一思想，明确方向。我作为一位代表，只能多做点实事。叶圣陶是《文艺报》的重要作者，给报纸多方面支持，为《文艺报》写了《划时代》等文章，5 月 5 日又和茅盾、胡风等参加了北平报纸召开的“作家论工人文艺”座谈，并有发言，对留在工厂里的文学工作者如何帮助喜爱文艺的人进行创作，说了些实在的体会：

> 我以为留在工厂里的文艺工作者尽可随时留意，遇见工友们在工作上活动上有什么可以写的，乃至吐露一段真切感想，说出几句精要的话的时候，如果他们没想到写，就给立刻点醒，鼓励，告诉他们说不要愁没有什么写的，这就是可以写的好材料。单是这么点醒与鼓励还不够的话，能够帮助他们设计该怎么写自然更好。帮助设计不宜自作主张，应该顺着他们的心思，作一些必不可少的订正或补充，目的在让他渐渐养成写作的习惯。

再说写成之后给他们修改，据我的经验，修改的时候原作者不在旁边，修改好了送还他，让他自己去揣摩；这样的办法对于原作者好处比较少。跟原作者在一块儿，一路修改一路说明所以然，原作者得到的好处就比较多。能够与原作者商量，让他觉察原作为什么不很妥当，该怎么修改才妥当，一切待他自发，这是顶有效的办法，熟练的作者能把自己的作品细心修改，达到完美的境界，也就是这么一回事儿。我希望工厂里的文艺工作者帮助工友们修改写成的东西，能够采用前面说的最后一种办法。

修改是对于不妥当处而言。还有写得很好的地方，原作者未必自觉写得很好，也得给郑重指出，并且说明为什么好。原作者知道自己写的为什么好，跟知道为什么不妥当，同样在写作能力方面可以长进不少。

我不反对让初学者学习一些写作的简要原理。可是我想，如果能够一面习作一面自己悟出原理，进境将会更多。

7月2日，也就是大会正式开幕的当天，他在《光明日报》特刊发表了《祝文代大会》，热情地说：

第一次文代大会开幕了，这是文艺界空前的大集合，包括的部门这么多，代表所从来的地区这么广，唯有在人民的政权之下才可能有这么个大集合，唯有在文学艺术真正跟布帛菽粟同样切需的新时代才可能有这么个大集合。用老话说，无非以文会友，声气应求那一套，用在这个大会上也未必不可以，可是实际的意义要超过那些话很多很多。来会的代表们目标是齐一的，那目标就是为人民服务，态度是齐一的，那态度就是勤恳质朴，精进不懈，唯愿竭尽可能把各自的一份成就贡献给人民。

叶老说，这次大会有10个代表团与会，阵容强大，平津代表第一团（团长李伯钊）、平津代表第二团（团长曹靖华）、华北代表团（团长萧三）、西北代表团（团长柯仲平）、华东代表团（团长阿英）、东北代表团（团长刘芝明）、华中代表团（团长黑丁）、部队代表团（团长张致祥）、南方代表第一团（团长欧阳予倩）、南方代表第二团（团长冯雪峰）。叶圣陶在南方代表第一团，叶老说，团里代表熟人多，其中不少是从香港绕道来北平的，如田汉、冯乃超、丁聪、宋云彬、茅盾、胡风、柳亚子、柯灵、郭沫若、曹禺、戴望舒、许广平等。叶圣陶是大会主席团成员，常务主席团有丁玲、田汉、李伯钊、阿英、沙可夫、周扬、茅盾、洪深、柯仲平、郭沫若、曹靖华、阳翰笙、张致祥、冯雪峰、郑振铎、刘芝明、欧阳予倩，总主席郭沫若，副总主席茅盾、周扬。大会的工作机构也设了一些部门，叶老说他是小说组委员兼召集人，委员有茅盾、周扬、沙可夫、胡风、刘白羽、荒煤、欧阳山、何家槐、冯乃超、巴人、何其芳、赵树理、陈学昭、杨朔。叶老说，他召集小说组委员开过两三次会，主要是就小说如何提高质量，更好地反映新的时代、新的生活，为人民大众创作爱看的作品。

《中华全国文学艺术工作者代表大会纪念文集》书影

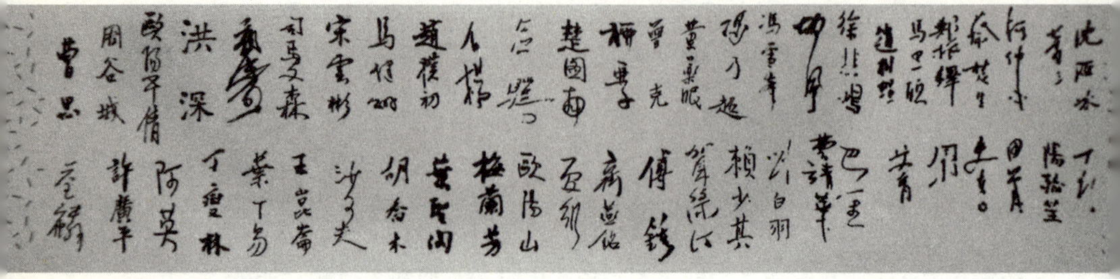

《文艺报》部分作者签名手迹（1949年7月）

叶老说这次盛会给他留下了许多难忘的记忆，这是他有生以来头一次参加如此规模、如此内容充实丰富的文艺界大会，又见到了许多老朋友，认识了一些新朋友。为了新文艺的发展，团结协力，去名去利，踏实工作，他从许多与会代表的身上看到、感受到这种品质和精神。他举例说，《文艺报》他原以为茅盾是主编，后来听说茅盾不同意设主编，建议他和胡风、严辰三人为编辑委员。叶老还举例说，梅兰芳是全国文联常委，又是中华全国戏剧工作者协会全国委员会常务委员，他也是中华全国戏曲改进会筹备委员会常务委员，他却主动提出到该会资料室工作，说自己对这项工作比较熟悉。该室负责人为杨绍萱、梅兰芳、程砚秋。

叶老说，中华全国文学工作者协会（1953年改名为中国作家协会），首届主席是茅盾，副主席人数少，只丁玲、柯仲平两位。叶老说，现在我在文坛算年长的，有人老说我编《小说月报》、《中学生》和在开明书店长期做编辑工作期间扶持提携了多少文学名人，新中国成立以来又发现推荐了多少文学新人，这话言重了，其实在这方面我是做得不够的，本来对促进文学人才健康成长可以而且应该做得更多更好些。

叶圣老说，他对参加第一次全国文代大会记忆犹新，可惜文学图片资料保存极少，研究它的人、研究当代文学的人也少有涉及这一方面内容，他希望我有机会时留心一下，他说这不仅是个人的事，这次大会是举国的事。

关于周作人的一则日记

1977年春天，有次听叶圣老谈文坛往事时，他突然问我，有无保存周作人在香港出版的《知堂回想录》，如有，他想借来看看。我知道周作人的这本书，已托在港的友人代购一部，我答应叶老，书一到就送来。

6月15日上班时，我先到叶家，将昨天刚到的《知堂回想录》送给叶老，他正在北屋客厅沙发上坐着养目，见我送书来了，连说，这两天眼力不佳，今天就先翻翻。他在6月15日当天的日记中说：“吴泰昌以周启明《知堂回想录》相借，此系1965年在香港出版者。其书当可观，惜目力不济，未能多看。下午忽王运铨大夫来，闻眼不舒服，为余扎针。……”

过了好一阵，有次去叶家，叶老将用纸包整齐了的这部书（上下两册）交还我，他说：“泰昌同志，谢谢你让我先睹了，书到手你还没赶上看。”他说，书里周作人记到1950年我去八道湾看过他。是有这回事，去的不是我和另外一位，而是三位，他在书里只记了二人。叶老笑着说，他漏记的一位是他最重要也最难记的人，他的弟弟乔峰，周建人啊！叶老笑我有点弄不清，他仔细地说：“那是1950年1月，中央人民政府已成立，我在出版总署任副署长，胡愈之是署长，乔峰（周建人）也是副署长。有天愈之叫我和金灿然一道去看看周作人，灿然是总署的主任秘书，也可叫总署办公室主任，愈之说，了解了解他的近况，译书的计划，多听听他的想法，考虑你去最合适，你和他早认识了。到快出发时，是午饭休息后，灿然突去拉乔峰一道去，乔峰没有思想准备，他和哥哥周作人家庭有点隔阂，周启明从上海来北平后他俩人一直没见过。我心中想这着棋肯定是愈之下的。周作人在《知堂回想录》的一八六《我的工作》（三）中记着："1950 年 1 月，承蒙出版总署署长叶圣陶君和秘书金灿然君的过访，叶君是本来认识的，他这回是来叫我翻译书的，没有说定什么书，就是说译希腊文罢了。过了几天，郑西谛君替我从中法大学图书馆借来一册伊索寓言，差人送来了，那是希腊文和法文译本，我便根据了这个来翻译，这就是我给公家译书的开始。"

叶老说，周启明这段记得过于简略，他说自己当天有日记，平日记日记也只记事，少记或不记谈话内容，现录下叶圣陶 1950 年 1 月 23 日日记：

廿三日（星期一） 上午十时，参加第一处之处务会议。

饭后两时，偕乔峰灿然访周启明于八道湾。启明于日本投降后，以汉奸罪拘系于南京，后不知以何因缘由国民党政府释出，居于上海，去年冬初返居北京，闻已得当局谅解。渠与乔峰以家庭事故不睦，来京后乔峰迄未往访，今以灿然之提议，勉一往。晤见时觉其风采依然，较乔峰为壮健。室中似颇萧条，想见境况非佳。询其有无译书计划，无确定答复，唯言希腊神话希腊悲剧或可从事，但手头参考书不备，亦难遽为。盖其藏书于拘系时没收，存于北平图书馆也。谈四十分钟而辞出。

叶老说，那天乔峰话极少，启明同乔峰谈话也极少。他谈了不少自己的认识，家境近况，我们听着对话也少。当我们大概知道了他的译书想法和一些要求后，就辞出了。叶老说，他回署里后同愈之谈了此行的情况。他估计郑西谛（振铎）也从这边了解了我们今天去的情况。所以，振铎才有帮借书，并请北大教授废名（冯文炳）将书送到周作人家之举。

叶老说，郑振铎认识周作人比我早，接触也比我多。我与周作人确实是“本来认识的”，我也是文学研究会十二个发起人之一，而且还是更早的新潮社的成员。1921年我们创办《诗》刊，共出了七期，周作人热心支持，七期中有六期供给了稿件，可见周氏在五四运动时期对新文学运动抱有的热情与期待。周作人的这些稿件多半也是邮寄给我的。周作人附逆前，在文坛参加过不少活动，如1935年8月上海杂志公司发行了中国文学珍本丛书第一辑五十种，主编是施蛰存，编选委员约有二十位，叶老说，他记得其中就有周作人，现查有：周作人、胡适之、郑振铎、沈启无、林语堂、卢冀野、叶圣陶、郁达夫、吴瞿安、任中敏、俞平伯、朱自清、龙榆生、周越然、钱南扬、刘大杰、丰子恺、废名、阿英、曹礼和。

1990年7月，上海文艺出版社出版了现代文学研究者倪墨炎著的《中国的叛徒与隐士周作人》，作为该社《中国现代文学研究丛书》之一。书的一一〇节“翻译工作”中写道：

> 周作人于1949年8月回到北京，10月回到八道湾。不久，就给周恩来总理写了一封长达5000字的信，申述了自己的经历，并检讨了出任伪职的错误，希望还有能使用自己的机会。这封信的抄件送给了当时任文化部副部长的郑振铎。
>
> 早在新文学运动初期，郑振铎就认识了周作人。他和耿济之、瞿世英、沈雁冰发起成立文学研究会时，特地邀请周作人参加，并由周作人执笔撰写《文学研究会宣言》。抗战期间，郑振铎一直很关心周作人的动向。抗战胜利后，郑振铎写了《惜周作人》一文。他说：“在抗战的整整十四个年头里，中国文艺界最大的损失是周作人附逆。”“周作人的失去，我们实在觉得十分的惋惜，十分的痛心！没有比这个损失更大的了！”他还说：“我们总想能够保全他。即在他被捕之后，我们几个朋友谈起，还想用一个特别的办法，囚禁着他，但使他工作着，从事于翻译希腊文学什么的。”这是周作人还在牢里时的设想。

周作人发出信后，出版界人士开始来与周作人联系，邀他参加翻译工作。最早来访的是出版总署副署长叶圣陶。那是1950年1月23日，叶圣陶和出版总署秘书金灿然一起访问周作人。叶圣陶也是文学研究会发起人之一，而且还是更早的新潮社成员，周作人是早就认识的。据《知堂回想录》载："一九五〇年一月，承蒙出版总署署长叶圣陶君和秘书金灿然君的过访，叶君是本来认识的，他这回是来叫我翻译书的，没有说定什么书，就是说译希腊文罢了。"

《知堂回想录》接着又载："过了几天，郑西谛君替我从中法大学图书馆借来一册《伊索寓言》，差人送了来，那是希腊文和法文译本，我便根据了这个来翻译；这就是我给公家译书的开始。"据周作人日记，那是二月二十一日，郑振铎（西谛）借来的《伊索寓言》，是托废名（冯文炳）送来的。所谓"给公家译书"，是指由领导部门或出版单位指定译什么书，而不是由译者自己决定译哪一本书。

……

新中国成立后，周作人在翻译上的收获是不小的，以数量而论，超过了过去的任何一年。特别在希腊古典戏剧和日本古典文学的翻译介绍上，是有明显的成绩的。

叶圣陶是1988年过世的，《叶圣陶集》是陆续出版的，估计倪墨炎在完成上面说的他写周作人的书时，不会见到《叶圣陶集》，叶圣陶的这则日记自然也没有见到，他根据的只是周作人在《知堂回想录》中所记的。顺便说，郑振铎当时（1950）是中央文化部社会文化局局长，他出任文化部副部长是在之后的1954年了。

《小记十篇》

新中国成立以后，叶圣陶的精力主要集中于教育和出版事业上，没有更多的时间去从事文学创作了。他写得较多的是散文和诗词；他写过一个短篇小说《友谊》，是写他惯写的学校生活的，但由于受到主题先行文学观点的影响，加之对新中国的学校生活和学生的思想面貌了解、熟悉不够，结果这篇小说没写好，叶老甚至说“不成功”、“失败了”，从此再没写过小说了。

《小记十篇》，天津市百花文艺出版社 1958 年 12 月初版。本书包括作者从 1953 年到 1957 年所写的十篇散文，前八篇记述西北、华东一带游览时的所见所思所感，后两篇介绍北京市两种特种手工艺品。这些文章把写景、抒情、叙事、议论熔于一炉，多方面多角度地反映了祖国日新月异的面貌和社会主义建设事业的变化和进展。

如在《登雁塔》中所写的，龙窟蛇穴般的雁塔，雁塔门楣上强弱谐和的细线石刻，拱门两旁古碑上凌空飘逸的人物浮雕，曾是唐人云集享受取乐、充满着异域情调和色彩的曲江池，原是“无何有之乡”的王宝钏的“寒窑”。对这些陈迹古物，作者一一辨认玩味，体察详情。但他对今日新貌景象，尤为注目赞赏。在西安南门往雁塔去的路上，他“远远望见好些正在兴修的建筑工程，杉篙构成的工作架跟林木相映衬。听说这些全是文教机关的房屋，西安南郊将来是个文化区。……其中有个体育运动场，面积七百多亩，有田径赛场、各种球场、风雨操场、滑冰场、游泳池，可以容纳观众十万以上——规模够大了”。

《记金华的两个岩洞》也是许多人爱读的一篇。作者启事就说明白，金华北山本有三个洞，因“足力不济”，只游了两个洞：

出金华城大约五公里到罗甸。那里的农业社兼种花，种的是茉莉、白兰、珠兰之类，跟我们苏州虎丘一带相类，但是种花的规模不及虎丘大。又种佛手，那是虎丘所没有的。据说佛手要那里的土培植，要双龙泉水灌溉，才长得好，如果移到别处，结成的佛手就像拳头那么一个，没有长长的指头，不成其为“手”了。

过了罗甸就渐渐入山。公路盘曲而上，工人正在填石培土，为巩固路面加工。山上几乎开满映山红，比较盆栽的杜鹃，无论花朵和叶子，都显得特别有精神。油桐也正开花，这儿一丛，那儿一簇，很不少。我起初以为是梨花，后来认叶子，才知道不是。丛山之中有几脉，山上砂土作粉红色，在他处似乎没有见过。粉红色的山，各色的映山红，再加上或深或淡的新绿，眼前一片明艳。

一路迎着溪流。随着山势，溪流时而宽，时而窄，时而缓，时而急，溪声也时时变换调子。入山大约五公里就到双龙洞口，那溪流就是从洞里出来的。

作者此景此情不禁使他想起曾来此游过的前人，

在洞里走了一转，觉得内洞比外洞大得多，大概有十来进房子那么大。泉水靠着右边缓缓地流，声音轻轻的。上源在深黑的石洞里。

查《徐霞客游记》，霞客在崇祯九年（一六三六）十月初三日游三洞。郁达夫也到过，查他的游记，是一九三三年十一月十二日。达夫游记说内洞石壁上“唐宋人的题名石刻很多，我所见到的，以庆历四年的刻石为最古。……清人题壁，则自乾隆以后绝对没有了，盖因这里洞，自那时候起，为泥沙淤塞了的缘故”。达夫去的时候，北山才经整理，旧洞新辟。到现在又是二十多年了，最近北山再经整理，公路修起来了，休憩茶饭的所在布置起来了，外洞内洞收拾得干干净净。我去的那一天是星期日，游人很不少，工人、农民、干部、学生都有，外洞内洞闹哄哄的，要上小船得排队等候好一会儿。这种景象，莫说徐霞客，假如达夫还在人世，也一定会说二十年前绝想不到。

颇为感慨一番。

再又如，在《黄山三天》中，文末处有一段写黄山的温泉，他用此处的温泉比之于其他几处的温泉，他说：

现在说一说温泉。我到过的温泉不多，只有福州、重庆、临潼几处。那几处都有硫黄味。黄山的温泉却没有。就温度说，比那几处都高些，可也并不热得叫人不敢下去。池子是小石粒铺底，起滤沙作用，因而水经常澄清。坐在池子里的石块上，全身浸在水里，只露出个脑袋，伸伸胳膊，擦擦胸脯，温热的感觉遍布全身，舒畅极了。这个温泉的温度据说能自然调节，天热的时候凉些，天凉的时候热些。我想这或许是由于人的感觉，泉水的温度跟大气的温度相比，就是得凉些热些了。这个猜想对不对，不敢断定。

《小记十篇》颇受读者的欢迎。1958 年 12 月第一版，至 1962 年 12 月已三次印刷了。叶圣陶独特的游记散文，早就受到圈子里行家的称许，“叶氏自己的文字，结构严谨，针缕绵密，无一懈笔，无一冗词，沉着痛快，惬心贵当，既不是旧有白话文的调子，也不是欧化文学的调子，却是一种特创的风格，一见便知道是由一个斫轮老手笔下写出来的。这实在是散文中最高的典型，创作中最正当的规范。”（苏雪林：《俞平伯和他几个朋友的散文》）1978 年初出版社又准备重印这本书，出版社派人来京看望叶老，并听取他对重印的想法和要求。叶老对书的重印是支持的，并且也是高兴的，但他对初版书的图片选择和印刷质量不甚满意，准备将自己的一些考虑添加进去，叫至善同他们联系。叶老

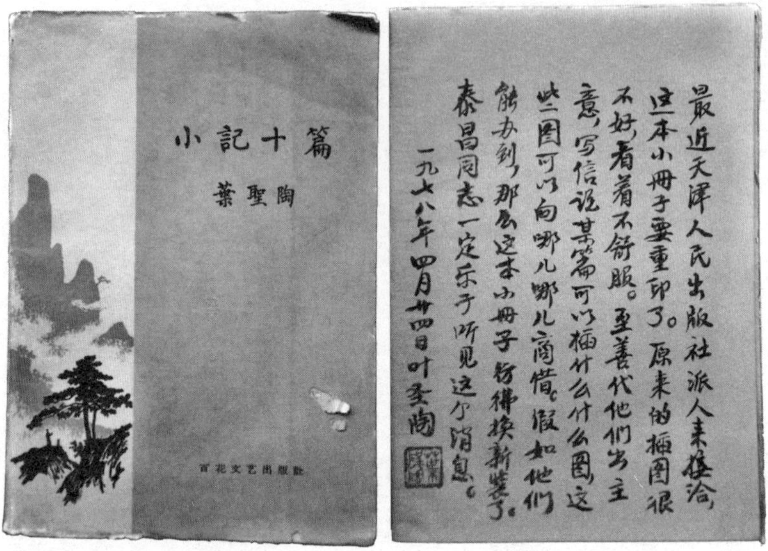

叶圣陶在作者所藏初版《小记十篇》（天津百花文艺出版社版）扉页上题词

在我保存的这本书的扉页上用毛笔写下了这段话：

> 最近天津人民出版社（应为天津百花文艺出版社。——笔者）派人来接洽，这本小册子要重印了。原来的插图很不好，看着不舒服。至善代他们出主意，写信说某篇可以插什么什么图，这些图可以向哪儿哪儿商借。假如他们能办到，那么这本小册子仿佛换新装了。泰昌同志一定乐于听见这个消息。
>
> 一九七八年四月廿四日　叶圣陶

叶老是出版老手，他说出好一本书，作者与出版者要多沟通、交流，在条件允许的话，出版社要尽量做到作者、出版社、读者各方满意或较满意。但万没想到，出版社重新出书后，可能忘了给作者邮寄新印的书，更别谈其他。叶老说，出版社可能忙，没有把这件事做周到。这点小事并不重要。看来，要尽早地出台出版法，作者与出版社签妥合同，相互遵守，这是很重要的，有利出版事业更好更健康地发展。

《内蒙日记》话絮

叶圣陶有写日记的习惯，听至善说，从少年时期开始写，几乎没有间断过。晚年最后的岁月，他经常住医院，每天的日记常由他的大孙媳兼秘书兀真代写，再念给他听，有需要改正或补充的，兀真会照叶老的意思办。

叶老的日记保存得较齐全。听至善说，抗战时期流离不定，丢失了少量时期的日记。他笑着说，父亲自小就喜爱李叔同的书法，他少年时期的日记有些段落是学李叔同字体写的。他一直说要找几页给我看，遗憾未能如愿。

但也有如愿的时候。叶老和至善曾说有时间让我看看他们家收藏的相册，好多本，叶老还在照片边写了题记，字少的写在相片边或反面，写的多的则用张小纸条写好贴在照片旁。叶老说，相片多，整理起来很花时间和精力，特别是一些老照片，年代久远发黄了，相片中的人都要仔细辨认，叶老说，“文革”期间，他赋闲在家，没有被打倒，不需要上班管事了，才有时间和家里人在一起，除上公园逛街，不少时间用来整理相册，孙子们自己也有相册，有时我也在他们的相册上写点题记。1984 年 1 月 5 日，我大饱了眼福，看了叶老家的十几本相册，看了近一个上午。叶老在当天的日记中写着：“一月五日　星期四　吴泰昌来，欲看余之相片册。兀真一一取出俾观之。余贴相片于簿并附小记，

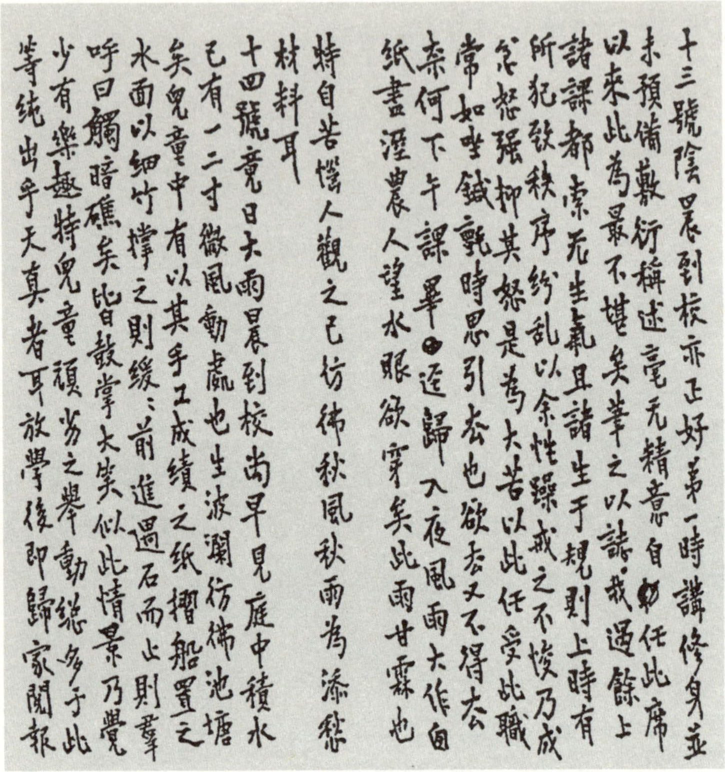

十三號陰晨到校亦正好第一時講修身並未預備敷衍稱述毫無精意自□任此席以來此為最不堪矣畢之以諸我遇餘上諸課都索無生氣且諸生于規則上時有所犯致秩序紛亂以余性躁戒之不悛乃成忿怒強抑其怒是為大苦以此任受此職常如坐鍼氈時思引去也欲去又不得去奈何下午課畢○逕歸入夜風雨大作白紙書溼農人望水眼欲穿矣此雨甘霖也特自苦懨人觀之已彷彿秋風秋雨為添愁材料耳

十四號竟日大雨晨到校尚早見庭中積水已有一二寸微風動處也生波瀾彷彿池塘矣兒童中有以其手工成績之紙摺船置之水面以細竹撐之則緩緩前進遇石而止則羣呼曰觸暗礁矣皆鼓掌大笑似此情景乃覺少有樂趣特兒童頑劣之舉動總多于此等純出乎天真者耳放學後即歸家閱報

叶圣陶少年时期的日记，有些篇学李叔同书体

始于1969年至美住医院割肿瘤之时，至今已有十六册，颇值得一看矣。小记用墨笔书写，尚工整。近年不能用毛笔，改用钢笔，字亦潦草不足观矣。”真“值得一看”，是一部生动形象的现代文化史侧影。

至于日记，叶老说，会给你看部分，但要等我整理出来。原因很简单，我原先写日记，不是为了公开出版的，所以记事，自己能想起来的就简约，谈的内容一般是不记的，有些觉得很熟的人和事不记或少记，人的名称、身份等因为自己一看就知道也就少写了，这样给不了解此人此事的别人可能就增加了麻烦。

叶老在《日记三抄》中说：

日记本来是只备自己查考的（其实也未必查考），所以记个大略就够了，来龙去脉自己心里有数，用不着多写；提到熟人，更用不着注明性别、籍贯、年龄、身份和相互关系等等。这样脱头落襻的文字，给熟朋友伯祥先生看看是无妨的，因为我经过的事他大体知道，我交往的人他也大多熟悉；登在刊物上给广大读者看可就不大相宜了。还有一点，我主张公开发表的文字必须用普通话写，写日记不避文言，因为日记本来不打算给别人看，用文言却可以少写几个字。现在把这样半文不白的文字发表在刊物上，我总觉得有点儿不负责任。无奈《大地》已经刊登了预告，不容我再犹豫了。把文字通体改一遍，当然办不到；把提到的人和事都加上注，也办不到：只好敬请读者原谅了。

叶老本不想发表《内蒙日记》。1981年《收获》杂志负责人吴强（长篇小说《红日》作者）请我代向叶圣老为《收获》求稿，他说，新作或未曾发表过的旧作都好，恳请叶老支持一下《收获》。我将吴强的这个意思转告了叶老，也同至善、至诚说了。至善说，新写的合适《收获》的，一时还没有，过去的东西，二十年前到内蒙去了五十多天，父亲有日记，平日他不主张发表，是否动员他一下。我和至诚一起动员叶老刊布有关内蒙的日记，叶老原先的主意才有点松动。叶老在当年写的日记中记载：

吴泰昌、至诚又怂恿余刊布六一年访内蒙之日记。下午至诚翻出日记本，开始抄之。

六月二日，星期二　今日专看至诚所抄余之内蒙游记，共看卅九纸，看时稍修改其字句。

六月十一日，星期四　今日看完至诚所抄之日记。拟名曰《内蒙日记》，交与上海之《收获》刊载。此事创意者为吴泰昌，而至善至诚皆赞同之。

叶圣陶《内蒙日记》于1981年第6期《收获》发表。叶老在发表《内蒙日记》时，他在卷首写了一段话，他说，“这次访问旅行同去的有二十多人，老舍、梁思成、吴组缃、曹禺、端木蕻良都是老朋友，还有画家、摄影家、作曲家、歌唱家、舞蹈家等等。”叶老说，重读这五十多天的日记，重温二十年前的这次访问旅行，事事处处都值得怀念。“首先值得怀念的当然是人”，内蒙的文化局长布赫，他一直陪伴我们，给我们留下了非常深刻的印象。同去的人朝夕共处将近两个月。“尤其是老舍，我跟他在一块儿起居，听他那幽默风趣的谈吐，咀嚼他那独到的引人深思的见解，真可以说是一种无比的享受。旅行结束的时候还相约有朝一日再结伴同游，可惜那样欢快的日子永远不会再有了。”叶老说，这次是他和好友老舍在一起谈得最多最难忘的一次，可以说，是一生中我俩最后一次畅谈了。

叶老说，值得怀念的还有内蒙这个地方，森林、草原、河流、湖泊，境界异常开阔，林业、牧业、农业、工业、矿业，又色色俱全。我们到过内蒙东部和西部的好些地方，就我个人而言，较之其他省区为多。在日记里看到每一个地名，我总要想，不知道那个地方现在怎么样

1956年底，叶圣陶与老舍同赴印度出席亚非作家会议期间所摄

了。在十年浩劫中，内蒙是个重灾区，那些新栽的防护林，那些新建的水库，那些林场、牧场、农场、工厂、矿山、学校，现在都恢复起来而且更加发展更加完善了吗？身体渐衰，视听不便，再去访问大概是不可能了，只希望每天早晨听新闻广播，常能听到从内蒙传来的叫人兴奋快慰的好消息。叶老与作家同行相处更愉快，如“天如圆幕四垂，其色淡蓝，缀以白云。一江平铺，两岸直长，为天与江之界线。眺望宽广，至感空阔。老舍时作趣语，令人解颐。此乐殊可珍也”。也不时交流一下对作品的看法。他对曹禺的几部新写的剧本，有些不同的看法，当面或几位一起直率相言。如，7月29日的日记载：

读曹禺新作《胆剑篇》，匆匆完毕，晚食时与曹禺谈余之所见。此剧写越王卧薪尝胆故事，分五幕，余觉诸幕不集中，似未能凝集而表现一个总的精神。此剧对话颇有译古语为今语之处，一个角色说话，杂出此类语句与纯粹之现代语，似不调和。余谓曹禺前作《雷雨》、《日出》，皆以对话见长，有若干段令人百读不厌，而此作中无之。余又举出有关古代文物之数点，谓可商之于博物院，期其无背于历史。尚有语言方面之小疵，缓日再与商谈云。

叶老7月31日又同曹禺继续谈，“眺望之余，为曹禺说其剧作中语言方面之疏漏。彼一一记之。组缃、老舍听余所说，时表同意。”吴组缃也是叶老的老友、好友，叶老知道吴组缃教授是我北大的老师，又是安徽老乡，他说组缃为人直率，认为什么就明白说出来，他问我他给你们讲课是不是这样，我点点头，他说组缃30年代初发表小说，很受茅盾赏识，茅盾公开著文表扬过，组缃对茅盾的代表作长篇小说《子夜》加以肯定，称赞，但也谈了不少意见，主要在写作方法上，小说中有写科学实验部分，叶老说，组缃的这个意见正确与否，不重要，问题是他对自己尊敬受过益的茅盾，能开诚谈自己的看法，这就好，值得肯定，他谦虚地说，这方面，我有时还做不到。

《内蒙日记》在《收获》上发表。据至善说，反应良好，收到不少

1961年8月，叶圣陶（右）到内蒙古自治区参观时留影

内蒙留影

全国著名作家艺术家文化访问团全体留影（1961 年 8 月 14 日）

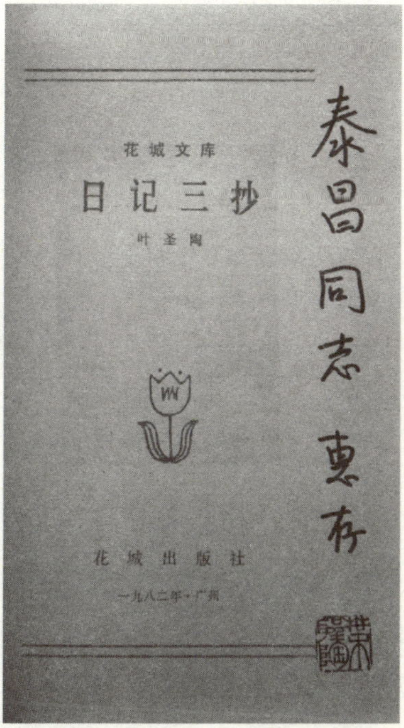

叶圣陶在《日记三抄》扉页上给作者的题签

信，希望能看到有更多叶老的日记发表，说叶老的日记文学性、资料性熔于一炉，好读。

八〇年至八一年，叶老整理发表了三部分日记，一是《东归江行日记》（1945 年 12 月 25 日—1946 年 2 月 9 日），“记的是从重庆到上海的长江航行”。二是《北上日记》（1949 年 1 月 7 日—3 月 25 日），“记的是绕道香港到达山东解放区之行”。三是《内蒙日记》（1961 年 7 月 29 日—9 月 2 日，9 月 5 日—9 月 23 日），“记的是在内蒙访问旅行的所见所闻所感所想”。

这三种日记都不长，广东花城出版社将这三部分日记合起来，名叶圣陶《日记三抄》，1982 年 1 月出版，为花城文库之一种。叶老逝世后，《叶圣陶集》陆续出版，其中有日记卷，又公布了部分日记，叶老子女先后病逝，叶老的孙子叶永和、孙媳蒋燕燕又在整理尚未发表的叶圣陶日记，部分已在开明出版社的《出版史料》和《叶圣陶研究年刊》上刊登。据悉，叶圣陶的全部日记将由人民教育出版社出版。

“这篇游记是篇好的历史文化散文”

1961年7月29日至9月23日，叶圣陶和文艺界一批人应邀访问旅行了内蒙古自治区许多地方，行程万余里。

叶老《内蒙日记》记的就是在内蒙古自治区访问旅行的所见所闻所感所想。

1981年他在整理《内蒙日记》过程中，说起有批历史学家几乎与他们同时被邀请到内蒙古访问旅行，他向我推荐翦伯赞写的《内蒙访古》。

翦伯赞（1898—1968），中国著名历史学家，新中国成立后，历任北京大学历史系教授、历史系主任、副校长，他的《内蒙访古》发表在《人民日报》1961年12月13日，全文分六段，篇首写道：

> 今年夏天，我和历史学家范文澜、吕振羽同志等应乌兰夫同志的邀请，访问了内蒙古自治区。访问历时近两个月（从7月21日到9月14日），行程达一万五千余里。要想把这次访问的收获都写出来那是写不完的，不过也可以用最简单的话概括这次访问的收获，那就是“见所未见，闻所未闻”。现在我想写一点内蒙访古的见闻。

在这篇散文中，作者以史学家的眼光，用流畅优美的文字，描述了那里的自然风光，生动地介绍了内蒙地区许多历史古迹和文物，评析了有关的历史人物。

《内蒙访古》有万言，由于作者见闻丰富、描述广泛：笔涉山脉、河流森林、禽兽、文物、古迹、历史人物、文献记载、自然环境、社会生活风貌等方面。所以，作者把全文分成六个小节。第一节“哪里能找到这样的诗篇”是全文的总起，指明内蒙是“历史学的宝库”，许多民族在这里都“演出过有声有色的历史剧”。第二节“一段最古的长城”、第三节“在大青山下”、第四节“牧游民族的摇篮”、第五节“历史的后院”，则是具体地叙写旅游中的见闻和感受。笔墨沿着旅游的行迹，由西向东，次第写出。第六节是全文的收结。

《内蒙访古》调用语言的技巧，主要是善于将语言的多种功能——描绘、说明、议论及抒情有机地结合在一起，形成一种特有的语言艺术魅力。

如，作者在写草原上的民族时，是这样形容的：“这些相继或同时出现于内蒙地区的游牧民族，他们像鹰一样从历史上掠过，最大多数飞得无影无踪，留下来的只是一些历史遗迹或遗物，零落于荒烟蔓草之间，诉说他们过去的繁荣。”“假如整个内蒙是游牧民族的历史舞台，那么这个草原就是这个历史舞台的后台。很多的游牧民族都是呼伦贝尔草原打扮好了，或者说在这个草原里装备好了，然后才走出马门。当他们走出马门的时候，他们已经不仅是一群牧人，而是有组织的全副武装了的骑手、战士。”这里有介绍与说明，更有形象的比拟。这多种语言手段的综合运用，造就了具体可感的画面；又在这画面中，融进了作者自己的诗绪和历史上民族生活的内容，使文章有了强烈的感染力量。

作者在文末最后一段“揭穿了一个历史的秘密”中说，这次访问对于我来说，是上了一课很好的蒙古史，也可以说揭穿了一个历史的秘密，即为什么大多数的游牧民族都是由东而西走上历史舞台。现在问题很明白了，那就是因为内蒙东部有一个呼伦贝尔草原。假如整个内蒙是游牧民族的历史舞台，那么这个草原就是这个历史舞台的后台。很多的游牧民族都是在呼伦贝尔草原打扮好了，或者说在这个草原里装备好了，然后才走出马门。当他们走出马门的时候，他们已经不仅是一群牧人，而是有组织的全副武装了的骑手、战士。这些牧人、骑手或战士总想把万里长城打破一个缺口，走进黄河流域。他们或者以辽河流域的平原为据点，或者以锡林郭勒草原为据点，但最主要的是以乌兰察布平原为据点，来敲打长城的大门，因而阴山一带往往出现民族矛盾的高潮。两汉与匈奴，北魏与柔然，隋唐与突厥，明与鞑靼，都在这一带展开了剧烈的斗争。一直到清初，这里还是和准噶尔进行战争的一个重要的军事据点。如果这些游牧民族，在阴山也站不住脚，他们就只有继续往西走，试图从居延打开一条通路进入洮河流域或青海草原；如果这种企图又失败了，他们就只有跑到准噶尔高原，从天山东麓打进新疆南部；如果在这里也遇到抵抗，那就只有远走中亚，把希望寄托在妫水流域了。所有这些民族矛盾斗争在今天看来，都是一系列的民族不幸事件，因为不论谁胜谁负，对于双方的人民来说都是一种灾难、一种悲剧。

马克思说："世界历史形式的最后一个阶段，就是它的喜剧。"现在悲剧的时代已一去不复返了，出现在内蒙地区的是历史喜剧。但是悲剧时代总是一个历史时代，一个不可避免的历史时代，一个紧紧和喜剧时代衔接的时代。为了让我们更愉快地和过去的悲剧时代诀别以及更好地创造我们的幸福的未来，回顾一下这个过去了的时代，不是没有益处的。

在《内蒙访古》一文里，作者用他丰富的历史知识充实了游记的内容，且行文又很简洁流畅，科学和辞章在他的笔下融成了一片，它的确是可以使读者"增广知识，扩大眼界的珍品"。

叶老说翦伯赞是他的老朋友，他的《内蒙访古》这篇游记就是一篇写得好的历史文化散文。叶老说，写散文，不管哪种类型的散文，都要从自己的深切感受出发，自然会连带到历史文化内容，但这和将散文承担普及历史文化知识的任务不同。散文就是散文。作者的文学眼光、感受、思想的观察、思索和提炼很重要，关键是一个度的把握。叶老说《人民日报》用几乎一个版面来刊发这篇散文，除了推荐给读者看这篇写得好的散文，也是有点引导这类散文健康发展的意思吧！

海棠树下的约会

1985年3月，巴金从上海来北京参加全国政协会议，巴老一晃竟三年没进京了。他下飞机刚住定，就说这次想去看望几位老朋友，首先提到叶老，他急切地询问："叶老是否还在医院里？"

叶圣陶已九十一岁高龄，是国内文坛德高望重的长者，许多八旬老作家对他都以师相称。叶老不老，他给人留下的印象，犹如逢春的老树。他老人家走路硬朗，说话气足，每天还能喝点黄酒、葡萄酒或啤酒。大家都为他的健康高兴，从心眼儿里祝愿他百年长寿。可近一二年，虽无大病，他却也数次住医院，胆结石手术两次，他明显感到精力不如前几年了，但比起同辈人来总还算好。

巴金看望叶老的信昨天我已捎给叶家，今天一早，叶老长子至善提前去北京医院。叶老不安地在等候。巴金走进时，叶老向前紧紧地抓住巴金的双手："您好！"巴金说"叶老，您好，我们都很想念您"，叶老又接着说："您要多加保重，多加保重！"叶老送巴金一本四川人民出版社出版的自著散文甲集，巴金翻看着这精致的厚厚的一本，看着叶老题签的核桃般大的字，高兴地说："叶老，您写了这么多，您要多注意休息。"叶老说："我写不了什么了，您还年轻，要注意身体，多写点。"至善、小林和我坐在旁边，听他俩亲切愉快地交谈，竟忘了这里是病房。一个多小时很快过去了，巴金说还要到

每逢仲春，庭前海棠盛开，叶圣陶必略备酒肴，邀王、章、顾、俞四老友，借赏花之名，作半日之畅叙。从左起，前排为顾颉刚、王伯祥；后排为叶圣陶、章元善、俞平伯

二楼看望也在住院的周扬。告别时，叶老依恋不舍，拄着拐杖，由家人搀扶着，一直送到过道，不住地招手：“多保重，下次见，秋大见，再见！”

叶老“再见”的话声还响在我的耳际。叶老住院，每次都想早点出来。他太重感情，舍不得住了几十年的四合院里的一切，舍不得他的亲人和来来往往的熟人朋友。他不习惯病房里过于寂静的生活。

叶老家院子东北角上有棵上了年岁的海棠树，每年4月中旬开花。1974年，叶老整八十岁，他与四位少小在家乡熟悉的好友：俞平伯、顾颉刚、王伯祥、章元善约定，每年4月19日这天来家里小聚，观赏海棠花，叙叙旧。约会头一次，人齐。中间，茅盾突然来访，茅盾居处离叶家不远。给茅盾上了一杯新茶，同他来者，有些像平伯、颉刚自然早熟，但后来联系也不多，他同叶老聊了一会儿，看人多，交流不够，就以有事为由先走了。叶老未向他说明这个约会，也未留他午宴。1981年的这一天上午，我去叶老家，叶老留我中午一道酌饮。王伯祥先生走了，顾先生也过世，只见到俞先生和章先生。章老我根本不熟，后来知道是至善的表舅，不是搞文化的。那天天气不好，恰逢阴雨，庭院去不了，大家只好都在客厅里散坐交谈。我听几位老人在说。叶老当天有日记：

四月十四日　星期二

今日天不作美，邀元善、平伯看海棠，而适下雨，一不能伫立庭中，二不能在花下拍照。既已约定，不便更改，固令至善以车往迎元善、平伯及平伯之女俞成来。平伯携曲园公所书右台山馆联语并平伯之祖父、祖母书画扇面来，供大家欣赏。既而小夏来，不能在庭中照相，只在室内照相多幅，想其中当有较好者可以洗印分赠。

孔令境之夫人及女儿来访，她们以雁冰之丧自沪来京，闲谈许久乃去。既而吴泰昌来，渠方从南方回来。

十二点聚餐，一点桌八人，元善、平伯、俞成、泰昌、至善、至美、至诚与余。此次调云治肴特用心，桌面陈设及上菜皆由兀真为之，事事合适，余深感满意。饮啖谈笑历一小时以上。由永和送二老回去，顺便携扬扬往儿童医院看病。

经叶老介绍，我初次见到俞先生，并和他聊起来。俞先生话不多，我和他聊了一会儿。他说，别人以为我是苏州人，因为我同苏州熟，也有不少好朋友是苏州人。像圣陶先生就是苏州人。我是浙江德清人。还有，我在清华大学教过多年书，有些人以为我是清华毕业的，其实我是北大毕业的，这和朱自清有点类似，朱先生在清华大学执教多年，做了很长时间国文系主任，但他也不是清华毕业的，而是北大毕业的，学的是哲学。俞先生说，有些过去的事现在有些人弄不清楚了，比如，我现在的中国社科院文学研究所前身就是北大文学研究所，1952 年院系调整时，北大设立的，1956 年中国社会科学学部（现在的中国社科院）要了去。俞先生问我是哪年进北大中文系的，我说 1955 年，他说那时我还在北大，文学所在哲学楼，我知道，点了点头。叶老看我们谈得好，对我说俞先生的字写得好，楷书有神韵，还不当面求张字，俞先生

1983 年 4 月，叶圣陶与俞平伯（左）、章元善（中）在北京东四八条院中合影

1983 年 4 月，摄于东四八条寓所内。中间三位左起依次为叶圣陶、俞平伯和章元善

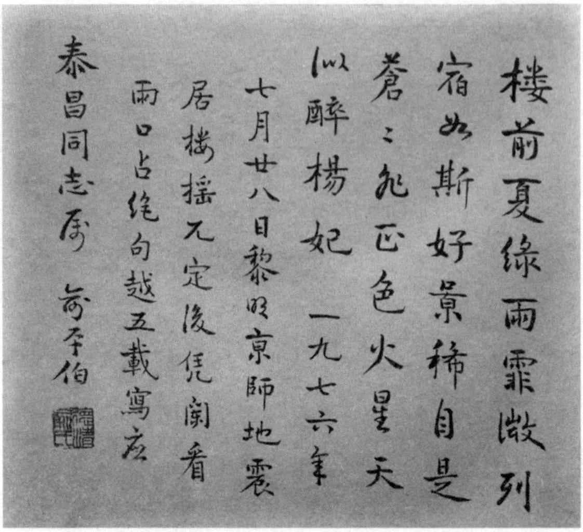

俞平伯赠诗

将他三里河的住址电话写给我，说欢迎我有空去玩。此后我去看过他几次，他也赐了我字。有次，他和我坐在客厅大桌边合了影，桌子上还放了一坛黄酒，俞先生说，我不喝酒，在叶家看你能喝，今天准备的。

我记得，俞先生有个时期，在家翻看林纾翻译的小说，他说林译小说过去看过一些，值得一看，现在想补看一些，尽量看齐，他还建议我，有空时不妨也看看，他还说，本子小，字数也不多，带起来也方便。那时，他也不时写点词曲，他曾托我转过词曲作品给香港有关报纸。

1983 年冬天，叶老早早地带信给冰心，邀请她明年春天来家里看海棠花，冰心也在早早地盼望着这一天。她虽骨折住过院、谢绝了社交活动，但她十分乐意，甚至有点翘盼这次聚会。1984 年春天，对叶老一家来说真是太不顺利了，先是叶老住院手术，跟着至善住院手术，接着从南京来协助叶老整理文稿的次子至诚也住院手术。这年叶老家的海棠花依旧盛开，可谁有心思去促成这件雅事？叶老多次说："对不起冰心，今年请不了她了，明年吧！"不巧，真不巧，1985 年春天海棠花盛开时，他又在医院里。他没忘记这次约会，又多次说对不起冰心。他

1986 年 10 月，赵朴初（右二）、葛志成（左一）到家中看望叶圣陶

1987 年，叶圣陶在自家庭院与叶至诚（左一）、叶至善（左二）、吴泰昌（右一）合影（兀真摄）

不再说明年了，但我从他的目光里看出了他的期望。叶老在病中还如此情感诚挚地惦念着亲友。近年朱光潜先生身体不好，我每次去北大回来，叶老常要问我去看了朱先生没有，他走路怎样？上下楼梯要小心，千万带个口信问候问候。文化界许多活动都想请叶老光临，一般的活动由至善代表，有些活动叶老坚持要去。1984年在人民大会堂召开纪念老舍八十五诞辰的会，叶老正在病中，可他说："老舍含冤屈死，这个会，一定要去！"会议中间，我在大厅里忽然见到叶老拖着碎步往外走，他的孙媳也是他的秘书兀真悄悄告诉我叶老发烧了。叶老叫我告诉老舍夫人胡絜青，他早退了。

叶老办事素来认真严谨，与叶老有过接触的人谈起这点都深有感触。1977年，我在《人民文学》杂志社时，有天我刚从叶老家回到办公室，有人送来一封信，拆开来看，原来是叶老的，墨渍还未干，我好生奇怪。看信后才知道，刚才叶老谈话时提到的一件事，我走后他从家里人那儿知道他说的有些细节不确，怕我与别人谈起，以讹传讹，所以追写这封短笺来"更正"。叶家颇有点这种即时"更正"的家风。也就在叶老写信给我"更正"时期，叶至善也来了回这样的"更正"，那天我们三人同他闲聊时，他说现在有的作家拼命想法要出书，不管书是否写得好，书出来后看看也不怎么样，他具体地举了个例子。事后他想起被举例的人名讲错了，也赶快写信给我"更正"，同时在场的另外两位和他办公室近，他亲自去说清楚。我保留了几十年前至善写的这封信原件，发表时我隐去了被举例人的名字，只保留姓氏，所提书名也略去：

泰昌同志：

昨天跟您谈到的水平不高的同志，应为崔××。他在我们这里出版过两部中篇，……都是编辑部花了很大气力帮他修改的。出版后一看，也不过如此，所以有这个印象。

半夜醒来，忽然想到曾经读过崔××同志的几篇相声，那两部中篇肯定不是他写的。那么是谁写的呢？直到天亮才想出来，

1987 年，叶圣陶在东四八条院内海棠树下留影（吴泰昌摄）

1987 年 4 月，叶圣陶请冰心到寓所赏海棠花（陈钢摄）

是崔××。两位同志都姓崔，我把他们搞混了。因而连忙写信，向您更正。昨天听到咱们谈话的，有张葆莘等两位同志。我立刻去社里跟他们说明，以挽回影响。此祝

编安

叶至善23晨

叶老对自己的文稿更是反复推敲，连标点版式都不放过。他曾为《人民文学》写过一首诗，在附函中说："倘以为可用，希照式排版，校样望交下一观。"由于编辑工作的粗心，发表这首诗的版式有不合叶老心意之处，我向叶老道歉过，所以这件事印象极深。叶老的文学成就是多方面的，小说、童话、诗、词、散文。从成果来看，散文是他数量最多，使用最久，也最自如的体裁。叶老的散文影响大，受到几代读者的喜爱。可惜他的散文结集出版的并不多。1981年，至善、至诚兄弟帮父亲整理出版了散文甲集，四五十万言。照理说有至善他俩细心编选，叶老大可不必再亲自过问，但他却坚持一一校看这些旧作，改正误排的错别字和文言成分过重的地方，标题不合适的也重新拟定……叶老是在视力越来越弱，精力越来越不济的情况下，戴着老花镜，手执放大镜，在强烈的日光灯直射下一页一页阅看这些文稿和校样的。本文开头说到叶老在医院里送给巴金的书就是这本散文甲集。巴金听说叶老为了这本书费去了不少心血，边翻看边激动地说，"叶老，要注意好休息，眼睛不行时就不看或少看。"

1987年冰心终于如愿应邀去叶老家观赏海棠，冰心说，叶老是同行中我最钦佩的一位前辈，他办事最认真。

点滴

书赠陈登科

1978年5月15日，是星期一，周日中午我和在京的安徽省名作家陈登科相聚，登科嗜酒，席上他托我向叶圣老求张字，他说，叶老看过《风雷》，我为《风雷》吃了大苦，听说叶老曾打听过我，表示同情，我心里一直记着他、惦念他，长篇小说《风雷》是中国青年出版社出版的，中青的底子实际上就是叶圣老长期主持的开明书店。登科酒兴上来了，向我连连拜托。叶老在当天的日记中记着：

> 五月十五日　星期一　吴泰昌嘱为安徽作家陈登科写字。陈前有长篇小说《风雷》，余曾看过。林彪与四人帮指《风雷》为反动小说，打击陈登科甚重，实则为攻击当时安徽之主要负责人李葆华（李大钊之子），借此夺安徽省之权。近年或今年报上已有说明此事之记载，为陈登科恢复名誉。今既须为陈写字，即作一绝赠之，随即书之。诗录于左方。所谓“新猷”，指万里治皖之种种佳绩，盖报上屡有所报道也。
>
> 诬指风雷是谤书，到今魑魅竟如何？
>
> 料因皖境新猷富，正喜挥毫绰有余。

登科喜获叶老的墨宝，十分兴奋，那时他刚刚恢复正常，正在准备恢复工作。他将叶老的字裱好挂在新安排的房子的客厅里。他极为感激叶老正直不阿，对一位晚辈遭难的爱护和支持。

叶老挺重视这首诗，现已收入《叶圣陶集》第8卷诗歌中。叶老这首诗是当天写的，收入《集》中原诗第2句“到持魑魅竟何如”，改为“到今魑魅竟如何？”

“这个会我一定要去”

杰出的人民艺术家赵丹1980年10月10日凌晨过世，享年才六十五岁。大家不言，心中都清楚他是被“四人帮”活活折磨死的。

中华人民共和国文化部和中国文学艺术界联合会于10月27日下午

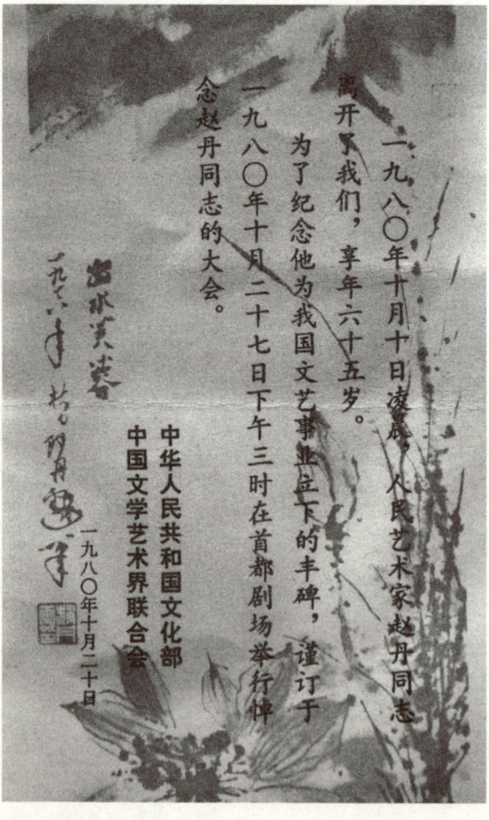

一九八〇年十月十日凌晨，人民艺术家赵丹同志离开了我们，享年六十五岁。为了纪念他为我国文艺事业立下的丰碑，谨订于一九八〇年十月二十七日下午三时在首都剧场举行悼念赵丹同志的大会。

中华人民共和国文化部
中国文学艺术界联合会
一九八〇年十月二十日

赵丹悼念会请柬

1980 年 10 月 27 日，赵丹悼念会前，文化部副部长司徒慧敏向叶老介绍会议议程（作者藏）

3 时在首都剧场举行悼念赵丹同志的大会。看了请柬中“为了纪念他为我国文艺事业立下的丰碑”这句话，叶老说，能够写上这句当时算是不容易了。

叶老自然作为贵宾被邀。至善说他有个重要会议必须参加，赵丹的会他去不了，他父亲虽然感冒但坚持要去，他问我明天去不去，我说请了我，他说那太好了，你陪我父亲去，陪他回来，我就放心了。我们去早了会儿，叶老在贵宾休息室先休息一下。文化部主管电影的副部长司徒慧敏来陪叶老，向叶老简要介绍了会议的议程，请叶老说几句，叶老说，我来听听，话就不说了。

当会议进行一半时，叶老突然发烧，他叫人找坐在主席台下的我，叶老说感冒发烧，只能提前退席回家了，我和会议工作人员一起搀扶他走出上车，回到家不久就去北京医院了。

1979 年 5 月上旬，上海友人曾托我请京城几位文化名人为赵丹、白杨合作的《红楼梦咏菊诗意图》题词，我首先求了叶老，他看了看带去的图册，很快就写了，名“题《红楼梦咏菊诗意图》”，题诗现已收入《叶圣陶集》第八卷：

题《红楼梦咏菊诗意图》

赵丹画菊花，白杨录书中诸人之诗。

舞台联璧群称久，艺苑交辉我见初。
老眼晴窗洵一乐，赵丹画与白杨书。

红楼分咏菊花诗，诗与其人才性宜。
此是雪芹高手笔，不徒对话耐寻思。

1975年5月16日作

赠王了一

1982年4月23日，叶老于午后两点驱车去北大，探问朱孟实（朱光潜）。这是事先约定好的。叶老曾叫我去约，今年4月19日左右请朱先生来家里观赏海棠花并小酌。不巧那几天朱先生身体不适，外出不便，只好作罢，答应明年这个时候如愿。叶老是个急性人，他说到明天说不定我的身体又不适了，人老了，身体状况难料，叶老说，不如我去北大看孟实，叫我赶快与朱先生联系，这样就算约定了。光潜老师住在北大燕南园66号小别墅里，燕南园住的都是北大文理科的一流教授，冯友兰、王力（了一）等都住在这个园子里。北大我学习生活了八年多，是相当熟悉的。进入北大南门时，叶老告我，先去了一家去看看，他说事先没联系，估计他这时会在家，了一家与孟实家相邻。

叶老与王力老师认识也早，王力的《中国语法纲要》是开明1946年出版的，叶老是该书的编辑并撰写了书的广告词：

《中国语法纲要》 王了一著

本书是专为初学者写的，不多作理论方面的研讨，着重在现象方面的解析；解析时又多引例子，多谈用法，使读者窥见我族语法的全貌，可以进一步作精深的研究，同时修整自己的语文习惯。

1946 年 3 月 1 日刊出

叶老说了一早年翻译过不少法国文学作品，后专致中国语法修辞，这方面的学问很深，叶老为编教材常常向他探教，叶老问我听过了一的课没有，我说我听过王力老师讲授的汉诗词格律学课。叶老和了一交谈很随意，王先生说你不早打招呼，没有什么请你。叶老看王师母殷勤上茶端点心，忙说太麻烦你们了。他俩那天交谈中，都厌烦地谈到现在有许多什么学会、研究会来找，挂虚名，安排讲话等等，叶老说，我们都这把年岁了，没有精力去图这些虚名，能推的都推掉了。他说，不久前，《红楼梦》电视剧组来请我当顾问，我没同意，我说：《红楼梦》我读过，很早

1982 年 4 月 23 日，叶圣陶去北大看望老友王力（右）（吴泰昌摄）

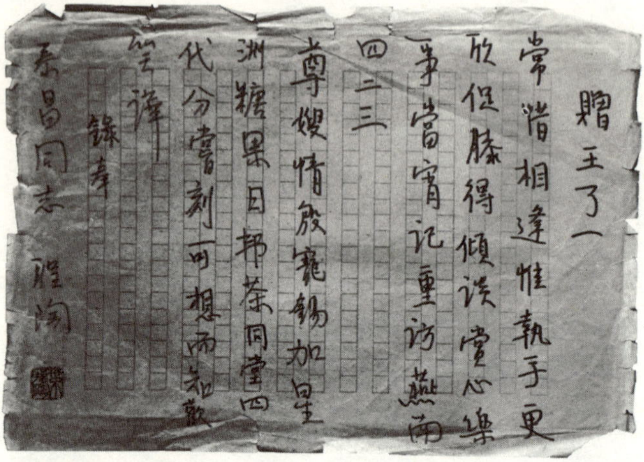
贈王了一
常偕相逢惟執手，更
欣促膝得傾談。賞心樂
事當宵記，重訪燕南
四二三。
尊嫂情殷寵錫加，星
洲糖果日邦茶，同堂四
代分嘗到，可想而知歡
笑嘩。
錄奉
泰昌同志　聖陶

此诗公开发表时，叶圣陶作了极少修改

就读过，也有点体会，但没有认真研究过，所以没有资格当这个顾问。在当天的日记中，叶老说：

> 四月廿三日，星期五　午后过两点，与至善、吴泰昌往北大，盖先与朱孟实约定者。入北大，先访了一，谈一小时，甚欢畅，平时集会遇见，往往仅一握手而已。了一夫人殷勤，设茶点，馈茶叶及糖果。然后到孟实寓，孟实夫妇已等客，心急，出舍相望矣。彼此极熟，无所不谈。既而出舍观屋前自栽花卉，于运动场畔望学生赛球。六点始小饮，同坐者孟实之女与婿及二外孙。饮啖一小时，又闲谈半小时，乃辞归。此半日之游，甚为难得。

叶圣老又写了《赠王了一》诗，叶老用钢笔抄录了这首诗送我，他说这次看了一，我的老友，你的老师，留个纪念吧！后公开发表这首诗时，叶老又作了标题等个别处修改。

酬了一

了一赠一律，叙前月二十三日余往访晤，

书中云已志其事于日记，因酬以二绝句。

常惜相逢唯握手，更欣促膝得倾谈。
赏心乐事当有记，重访燕园四二三。

尊嫂情殷宠锡加，星洲糖果日邦茶。
同堂四代分尝到，可想而知欢笑哗。

1982年5月20日作

该诗现已收入《叶圣陶集》第八卷，诗歌卷中。

“为俞平伯平反可以更早些”

一

叶圣陶一生，结交众多，但挚友却也是可数的。古人说，人生得一知己足矣，叶老说，最后有几个也就很难得了。我和叶老接触期间，也就是他晚年时期，已八九十岁了，他的好友也多相继过世，甚至更早，如朱自清 1948 年就走了。

在我的印象中，俞平伯（1900—1990）是叶老最后一位重要的挚友。他们之间走动之勤、交谈之多是很多人想象不到的。叶老与俞平伯长期有通信的习惯，在叶老八九十岁期间，他们通信更频繁，叶老说犹如“乒乓之情”，你来我往。叶老平日很少保存来信，看了，复了，信也就不留了。唯独对俞平伯的信函保存完整。用大画报纸将这些信及信封贴好或夹好，至善给我看过一本。叶老有次说，俞先生有学问，我爱写信向他讨教；另外俞先生的字写得好，这是我喜爱保存他的来信的另一个原因。

叶至善 2001 年在《叶圣陶集》第十卷卷首一张图片下说明：

> 朱自清逝世已逾二十五年，因俞平伯信上一句话，作者“顿然念之不可遏，必欲托之于辞以志永怀”。自知思之损眠，而又排之不去，如此者七日，方得此阕《兰陵王》之初稿；即封寄俞

叶圣陶（左）与俞平伯（此照片系俞平伯赠作者）

俞平伯（右）在叶家与叶老亲切交谈（吴泰昌摄）

平伯，恳请推敲改易，是为一月三日。不意越四昼夜，即得俞复函，已于原稿上圈圈点点，一似严师所批之课卷。如首句“猛悲切”加密点，批曰“笔真情，蓦然而起”。又如“明灯座，杯劝互殷，君辄沉沉醉凝睫”句加密圈，批曰“可谓神似，昏灯残酒，如见其人，然其人已千古矣，读竟泫然”。拟改词名则另列一表，供作者酌取。如是书信来往一月有余，细微处一个字也不放过。如“击桨”之改定，俞信中去：“‘拨’弱。‘打’显得粗些；当是‘击’。‘击桨’或‘击棹’均可，‘击桨’与周词‘拂水’正同。”“周词”指周美成之《兰陵王——柳》，“拂水”取之于“拂水飘绵送行色”句。作者填此阕所用四声，固以周律为准则也。二月二日，两位老人家又相约详谈一次，最后又改动数字方算定稿。共谓“伤逝之同悲，论文之深谊，于此交错，良可记也”。

叶老于1988年除夕上午病逝。中午起来晚饭时，至善叫我在他家和他、至诚等家人商量叶老后事。至善叫我先别告诉俞先生，让他自然知悉，另《文艺报》绝不要去请他撰文。至善说，俞先生也在病中，经受不起这种刺激，他们之间有六十五年友情了。

二

1986年1月20日，俞平伯所在单位——中国社会科学院文学研究所为纪念他从事学术活动六十五年，召开了庆祝活动。地点在中国社会科学院近代史研究所小礼堂，中国美术馆南对过。出席庆祝会的有俞先生的同事、朋友、学生等方面人士共两百余人。我有幸被邀请参加了。叶老身体不适，没有出席。至善叫我会后有空来家里，谈谈会议的情况。我到会场，在休息室首先见到了王力、吴组缃、王瑶几位北大教授。北大的来人是乘同一部车来的，吴组缃说，今天的会重要，肯定要对平伯老师1954年《红楼梦》研究观点遭受的非学术讨论方式的围攻

俞平伯在三里河家中与作者合影

和政治批判进行否定，不仅对他个人，对今后学术界如何真正贯彻“双百”方针都很重要。王瑶会后快上车时对我说，今天院里的讲话中，对俞平伯在现代学术上的贡献评价不足，应该是作出了重要的多方面的贡献。会议开始，俞平伯坐主席台中间，右侧坐的是中国社会科学院院长胡绳，左侧坐的是副院长钱锺书。俞平伯为出席这次会，发言不发言，要发言，如何发，谈些什么等等，可真有点犯难。最后决定把《一九八〇年五月二十六日国际红楼梦研讨会书》，加上一篇旧作《评〈好了歌〉》一起整理出来，冠以总题，叫做《旧时月色》作为他的发言。他自己讲了三言两语，至为简单，也都还是写在了纸上在会上逐字宣讲的。《旧时月色》则由外孙韦柰代为宣读。

胡绳以中国社会科学院院长的身份，出席这次庆祝大会并讲话。胡绳话虽简，却颇有分量，也确实道出了正义的心声，故全文录下，供读者阅之：

我代表中国社会科学院祝贺俞平伯先生从事学术活动六十五周年。

俞平伯先生是一位有学术贡献的爱国者。他早年积极参加五四新文化运动，是白话新体诗最早的作者之一，也是有独特风格的散文家。他对中国古典的研究，包括对小说、戏曲、诗词的研究，都有许多有价值的、为学术界重视的成果。

俞平伯先生在全国解放前夕，积极参加进步的民主运动，从此，对党是一贯亲近和拥护的。他在全国解放前的二十八年和新中国成立那一年起的三十七年中，在任何环境里都孜孜不倦地从事对人民有益的学术活动和文艺活动，这种精神是值得钦佩的。

早在20年代初，俞平伯先生已开始对《红楼梦》进行研究，他在这个领域里的研究具有开拓性的意义。对于他研究的方法和观点，其他研究者提出不同的意见或批评本来是正常的事情。但是1954年下半年因《红楼梦》研究而对他进行政治性的围攻，是不正确的。这种做法不符合党对学术艺术所应采取的“双百”方针。《红楼梦》有多大程度的传记性的成分，怎样估价高鹗续写的后四十回，怎样对《红楼梦》作艺术评价，这些都是学术领域内的问题。这类问题只能由学术界自由讨论。我国宪法对这种自由是严格保护的。我们党坚持四项原则。按照四项原则中的人民民主专政原则，党对这类属于人民民主范围内的学术问题不需要，也不应该作出任何“裁决”。1954年的那种做法既在精神上伤害了俞平伯先生，也不利于学术和艺术的发展。接受这一类历史教训，我们要在学术界认真实行“双百”方针，提倡在正常的气氛下进行各种学术问题的自由讨论和辩论，团结一切爱国的、努力从事有益于人民的创造性工作的学术工作者，共同前进，共同追求真理。在纪念俞平伯先生从事学术活动六十五周年的时候，我想，说一下这个问题是必要的。

社科院庆贺俞平伯从事学术活动六十五周年

胡绳说，学术问题可以自由讨论，党不需要做出裁决

本报北京20日讯 （记者子静）“俞平伯先生是一位有学术贡献的爱国学者”，他在《红楼梦》研究上做出的建树，“具有开拓性的意义”。1月20日，在庆贺俞平伯先生从事学术活动六十五周年纪念会上，中国社会科学院院长胡绳怀着深深的敬意，对俞平伯作了高度的评价。

胡绳在讲话中指出，1954年下半年，围绕《红楼梦》研究对俞平伯展开的围攻式的政治批判，违背了党的双百方针，是不正确的。他说，对这一类学术问题可以自由讨论，这是受宪法保护的，党不需要也不应该对它们做出裁决。

刘再复代表文学研究所致祝词。他说，六十五年来，俞平伯先生孜孜不倦，辛勤地劳动与探索，“以文学创作与学术研究的双重建树，使自己成为‘五四’运动以来为数不多的学者、作家、批评家兼诗人之一”。“走过不平坦的道路并经过历史的筛选之后，他的建树仍然不可磨灭。这说明，真正有价值的东西，是会被历史所铭记的”。

祝词肯定了俞平伯先生在新文学创作、古诗歌与词学研究以及《红楼梦》研究三个方面的成就。特别指出，他在《红楼梦》研究中的卓著贡献，作为我国红学研究史上一个发展阶段的代表性成果，提供了前人所没有的东西。但随着人们学术视野的拓展，后来者总是会对聪慧的先行者感到某种程度的不满足，总是力求把科学推向前进”，这“是正常的、合理的”。“可惜，一种不太正常的文化气氛曾经影响

《文艺报》1986年1月25日头版新闻

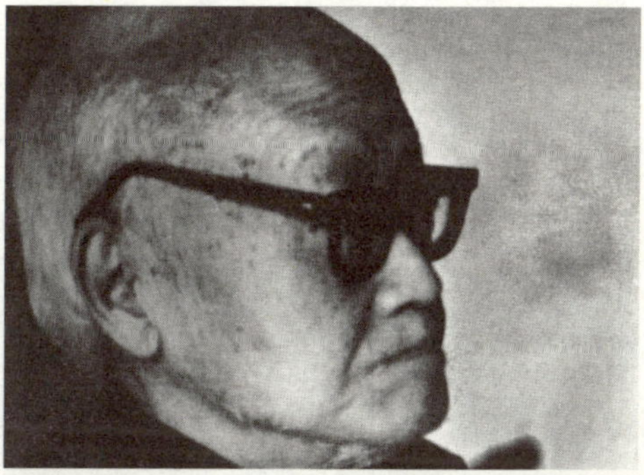

俞平伯1986年摄于北京

俞平伯在“庆祝俞平伯从事学术活动六十五周年大会”上与胡绳

俞平伯先生从 1953 年起在中国科学院文学研究所工作，也就是现在的中国社会科学院文学研究所工作。他是我们全院同志所尊重的一位老学者。我相信我院和我国的文学研究工作者都会很好地吸收利用和发展俞平伯先生的一切有价值的研究成果。

敬祝俞平伯先生健康长寿，并且在学术研究上作出更多的贡献。

叶老知道了这次会议的大致情况，也知道了胡绳宣读的讲话内容，他没多说什么，只说：会开得是好的，对平伯学术上的评价高低意义不大，俞先生在学术上的成就是大的，历史会作出正确的评价。对他的长期的不公正，今天正式为他平反固然好，但可以更早些，这样做不仅对他个人而且对整个学术界效果都会更好。这个历史教训不该再发生，相信不会再发生了。

“我们家捐了一张李叔同的油画”

1981年，在纪念辛亥革命七十周年之际，上海一家刊物约我写纪念我国现代文艺界一位才子传奇式人物李叔同（1880—1942），文章的题目叫《引进西方艺术的第一人——李叔同》，当时对李叔同、弘一法师的研究似乎还没有被提到日程上来，我在文章的结尾提出了这个问题。“是的，中国文艺界应该永远怀念李叔同先生。他圆寂已整整四十年了。但至今对他的纪念是不够的，他的诗文专集还不曾整理出版。至于他在我国近现代文艺史上占有的位置，更是缺乏研究。在纪念辛亥革命七十周年之际，我们深深地怀念他，怀念之余，也引起我们的思索：李叔同，弘一法师；弘一法师，李叔同；一分为二，合二而一，多么矛盾的人，多么奇特复杂的历史现象！”文章出来后，我曾请叶圣老过目，加以指教。我在文章中曾引了叶老1927年10月与几位友人去看望弘一法师的散文《两法师》中的一段精彩描写。他这样描绘弘一法师：“清癯的脸，颔下有稀疏的长髯”，“带笑的容颜，细小的眼里眸子放出晶莹的光”，“他的脚是赤了的，穿一双布缕缠成的行脚鞋”。“弘一法师坐下来之后，便悠然地数着手里的念珠”，“大家默然不多开口”，“晴秋的午前的时光在恬然的默静中经过，觉得有难言的美”。面对中国当代著名的法师，“我看他那曾经挥洒书画弹奏音乐的手郑重地夹起一荚豇豆来……”在归途中，他想：“这位带有通常所谓仙气的和尚，将使我永远怀念了。”叶老在1981年12月29日的日记中说：“吴泰昌作一文叙弘一法师，嘱余看之，余看二小时，为提少数意见，书于纸，俟其来与之。”

叶老嘱我要加深研究李叔同，说李多才多艺，他高度评价李叔同早年的油画，说现在流传下来的极稀少。说到李叔同的油画，他大声对我说，50年代末，我们家向中央美院捐献了一张李叔同的油画，现在下落不明，他叫我看到当时任中央美院院长吴作人时代问一下，就说是我要知道这张油画现在是否还在，“文革”时有无受到破坏或抢掠。吴作人院长我还熟，有时去花园村他的新居去看他和肖淑芳老师。我答应了叶老的嘱咐。

1981年，作者听叶老谈李叔同

叶老告诉了我这张油画的来历，他说，1918 年李叔同出家时，将保存的少量油画分送了亲朋好友，夏丏尊是李叔同的好友，李叔同送了一张给他。叶老说，我同李叔同认识，我也写过他三篇文章，但交情还没到那份上，他不会送我的。夏先生将李叔同送他的这张油画给了自己的爱女夏满子，满子就是至善的爱人，满子将这张油画拿到叶家来了，这就成了叶家的珍物。我们家里人都看过，连孙子永和也看过，画的是一位裸体仰卧的少女，裱的画保存完好，没有皱折，卷着立着放在家里。大约是 1959 年，想放在家里还不如捐给中央美院保存更有价值，他们现藏的李叔同早年的油画极少。院里来人非常热情高兴地将画取走了。至善说，当时不像今天，讲究手续、合同、收据什么的，笑笑点点头就拿走了。

我问过吴作人院长，他答应尽快去问问院藏画馆，他们说存画有上万件，多年没有清理过，当时收画时登记等手续、收据都保存不齐全，一时查起来很不方便，只有等大清理时一一登记，相信叶圣老的捐品不会丢失。我将这番话转告了叶老，过了一阵，叶老告诉我，他见到吴作人时又说了这件事，回答和同你说的大体一样。叶老感慨地说，本来是想保存好李叔同这张珍品油画，让更多人能欣赏，谁想到会是这样。

《花萼》、《三叶集》和《四叶集》

叶圣老开玩笑说，人家爱说我这个老作家带出了三个子女作家。其实，不完全是那么回事。我一生的职业编辑第一，教育第二，再轮说到作家。第一第二的顺序可以变动，写作，当作家虽然我从事这项事业漫长，但从没有当过专门从事写作、创作的作家，仅仅是位业余作家，业余的老作家。至于我的孩子们，也许受到我点影响，很小也都染上了文学爱好，并较早开始写作品了，但他们各自的一生也都各有主要职业，至善长期从事编辑、出版工作，至美长期从事新闻英语翻译工作，至诚也是长期编文学期刊，从事文学创作他们也是业余的，当作家也是业余作家。既然父子都是业余作家，大家有点交流很正常，作为父亲对他们的文学创作多点关心和帮助，希望他们把作品写好，这也是合情理的。

叶至善（1918—2006）、叶至美（1921—2012）、叶至诚（1926—1992）三人有两本作品的合集，第一本散文小说集《花萼》，1943 年 8 月桂林文光书店出版，第二本以小说为主兼有散文的《三叶集》，1945 年 1 月也是文光书店出版的。

《花萼》的原稿，都是经过作者们的父亲叶圣陶认真修改过，并选定了篇目，又取了集子的书名。抗战期间，叶圣陶一家逃难到四川乡下，“吃罢晚饭，碗筷收拾过了，植物油灯移到了桌子的中央。父亲戴起老花眼镜，坐下来改我们的文章。我们各据桌子的一边，眼睛盯住了

叶圣陶与他的三位子女（前排右起：叶圣陶、叶至美；后排右起：叶至诚、叶至善）

1925年，朱自清在上海叶圣陶家中与至善、至美的合影（叶圣陶摄）

父亲手里的笔尖儿……”全书编好以后，“父亲复看一遍，剔去若干篇，成为这本集子。父亲替这本集子题了个名字，叫做《花萼》”，叶至善在《花萼》自序中这样叙说。《花萼》除了至善的自序，还有宋云彬为他们写的序。宋先生说，他们兄妹三个能受到父亲如此严格的训练，实是不可多得的幸福，使他“艳羡不置”。又说兄妹三个各有自己的风格，但是有一个共同的优点，都“平常留心各样的事情，观察得深刻了，觉得非写不可，才动笔写的”。从宋先生的评语中，可以看出他们都继承和保持了父亲凡事认真的作风。

《花萼》共收二十七篇，作者们描写战时后方生活小景的那些篇章。虽然时间愈隔愈远了，可是那一阶段的人物和故事，生活与风俗等等，仍然能吸引着读者。叶至诚的《乐山遇炸记》、《夜袭》、《宣传》属于这类作品，叶至美的《坐鸡公车》、《我是女生》、《物价》、《“工作”小记》等亦留下了那个时代的掠影，很能说明作者们的写作，启示便有一个良好的倾向，即面对现实，从生活出发。

叶至善是长兄，年龄稍大，他对生活的观察似乎更深透些，文风不如至美、至诚那么活泼，却着力严谨，让我们联想起其父的风格。他写的《寄卖所》、《司机们》、《擦皮鞋的》都富有战时后方的气氛；《脚划船》和《成都盆地的溪沟》更受到朱自清先生的赞许，认为“他（指至善）的写作强国富民而明确，可见他训练的切实”（见《三叶集》朱自清序）。我特别要提到《化为劫灰的字画》一篇，娓娓道来，动人以情，通过记述两幅字画的毁失，实际写出了叶圣陶先生一家所经历的战火。一幅“天女散花图”，是父亲结婚时候的一份纪念礼物；一副小对联是李叔同的手迹：“寒岩枯木原无想，野馆梅花别有春”。这两幅字画当年布置在上海三楼的亭子间，即小小的“未厌居”里。冬夜，亭子有一个火钵，每当叶圣陶搁笔之后，常与家人围火取暖，一片平静。“一·二八”战火起，天井里落了一枚炮弹，大门和前楼的门窗全给震倒了，三楼亭子间的两幅字画，虽然蒙上一层灰土，却完好地保存下来。抗战开始，全家

《四叶集》封面

逃难来到乐山。在用木板隔出来的一间斗室，又把这两幅字画挂起来，每到晚上，一家人又团聚在“未厌居”里。然而，乐山被炸，“天女散花图”和弘一法师的墨迹终于化为劫灰了。通篇虽然并没有一句强烈地控诉敌人的字眼，读后却对日本侵略者怀有一腔仇恨。

《三叶集》的原稿先由朱自清看了一遍，1944 年 9 月为之作序，至善说，这些也都是父亲请朱自清先生帮助的。至善还说，父亲不赞同这两本书由开明书店出版，父亲联系了文光书店。全书共收作品十九篇。朱自清先生欣赏集子里的小说以纪实为主，“这种写实的态度是他们住宅写作的根本态度，也是他们老人家叶圣陶兄写作的根本态度。”他在序中这样说。

《四叶集》是漓江出版社于叶老 1988 年过世后请商金林先生编选的，并于 1989 年 8 月出版。四叶即叶圣陶、叶至善、叶至美、叶至诚，每人一辑，共四辑，全书五十四万余字。几乎都是选自四叶已发表或出过书的篇目，基本上是散文一类的短文。我以为，《四叶集》的出版，

1970 年 8 月间，兆言将回南京，宁宁刚从哈尔滨回来，大家在东四八条院中合影。左起依次为阿牛、夏满子、叶三午、叶圣陶、叶宁宁、叶兆言、叶至美、佳佳

1971 年 2 月，叶圣陶由孙子永和陪着到南京，和叶至诚一家相聚。从左往右：前排为姚澄、叶兆言、叶圣陶；后排为叶永和、叶至诚

叶至善花费多年心血终于完成了专著《父亲长长的一生》（江苏教育出版社，2004 年）

1988 年 12 月 8 日，叶圣陶骨灰安葬于他的第二故乡——苏州甪直。2008 年 4 月 1 日，叶圣陶的长子至善的骨灰安葬在叶圣陶墓的右首，纪念馆的外侧，石头上刻着叶圣陶书写的篆字“善满居”，父子俩将永远相守

更重要的意义在于子女们对父亲的深切怀念。记得叶老在世时，1987年，他和至善、至诚和我在庭院海棠树下散步闲聊时，曾谈起过以后我的三个孩子凑热闹要和父亲合出本书，就叫《四叶》。叶老说，这是件有意思的事。文章要选好，书要出好，我希望能看到。他还说，孙子辈里也有些业余搞文学的，特别说三午有点才华，可惜有病表现短暂，兆言有文学才华，若能坚持下来，作品多，有稳定的风格更好。将来至善你们也可以和这些孩子出本合集，算上我一个我也不会有意见的。遗憾，真遗憾，叶老的愿望，至今没能落实，子女们陆续过世，至美算是活得最长的一位，她过世前最后的年三十中午，我和兀真、小沫、永和、燕燕在至美家陪她吃饭，席上永和打通了兆言的手机，我们还提前相互拜年。至美那天精神还好，她知道我将写叶老的这本书，她说你是我们家三四代人的朋友，有需要问我的事就说，或通过永和转告。她当场还送了两本她过去翻译的新近重印的书。万万想不到，不久，她也过世了，这使我想起叶老说的这句话："年岁高了的人，生死难料。"叶老的长孙叶三午，在叶老过世次年1989年，才四十六岁也走了。至善在父亲过世之后，花了几年的精力，艰难地写完并出版了《父亲长长的一生》。回想起这些，我觉得叶老期望的子孙三代也出个合集的愿望实际上也算如愿了。叶老的墓在他的第二故乡苏州市甪直，至善、满子过世后的墓与父亲紧连一起，墓上刻的是父亲写的篆字"善满居"三个字。

飘浮在眼前的那片白云

拜读叶圣陶先生的作品，是许多年前的事了，中学课本上几乎年年都有他的散文或童话。可亲眼见到这位慈祥的老人，却很晚。1975 年底，我曾在《人民文学》杂志社工作过一段时间，办公室正在他家的对面。每天清晨推开窗户，便能见到他家那幢深邃的四合院，看不见什么，庭院中几棵树梢老是那么挺立着，有时光秃，有时覆盖着各种颜色。

记不清头一次推开这扇黝黑沉重的大门是谁介绍的，反正我一直朝院子的里层走，那时他家还没有那只狮子狗，一切都静悄悄的。

本来我可以早些年踏进叶家大院，一个突然的电话，推迟了。那还是在北大上学时，我们中文系 1955 级同学合伙在编著一部中国小说史。我负责撰写清末民初部分，想求教于叶老，冒昧地给他写了信。一封潦草简约的信，却得到了他老人家一封工整的亲

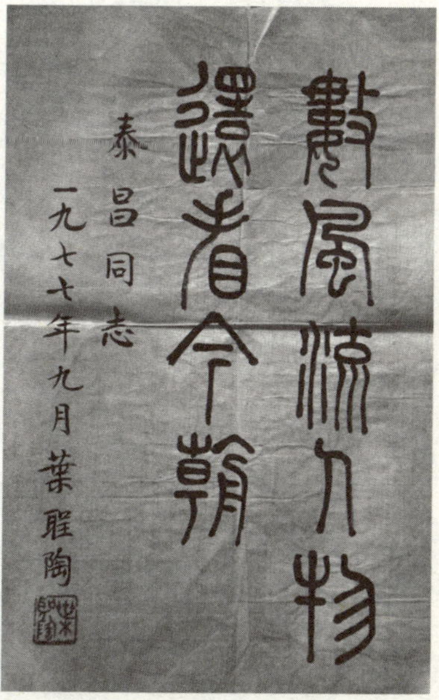

叶圣陶馈赠墨宝

笔回信，他满足了我的请求，答应约我谈谈。约定的那天中午，我胡乱地吃了饭，打算提前进城。想不到，我刚要动身时，传来系里的电话，是叶老秘书打来的，说叶老临时有会，今天下午没有时间谈了，以后再约。当时我想不到再写信或打电话催问，只会干等着“另约”，直至以后再没有下文。

我坐在北屋客厅的沙发上，恳请叶老赐稿。他听我讲，不时地点头。满子大嫂及时地递了一杯热茶。叶老先不回答写文章的事，喜欢问问这，问问那。至善在家，有时也从他的卧室出来一同聊聊，气氛是亲切随意的。往往在我告辞时，叶老会问我稿子最晚几号要。看着他那副认真劲儿，我不好意思虚着说了。叶老答应了的稿子总会提前写好，信封装着，或由家人送给我，或我自己来取。每次稿子里，几乎都夹有一封短信，客气地说有不妥处请贵刊酌处，还有叶老对版面格式的要求。当然也有约不到的时候，他说这个内容刚给某家报纸写了，重复再写没有必要，答应有合适的题目另给我们写。接着又是亲切随意地闲谈，我手中同样能得到一杯热腾腾的清茶。去叶家次数多了，有时竟忘了面对的是一位现代中国文坛德高望重的大作家。有公事没公事，只要是时间合适，不影响老人休息，我就爱进去坐坐。

那些年，说不上去过叶老家多少次，和这座大四合院以及大四合院里的主人渐渐熟悉起来，可我却没有认真地参观过庭院里的东房、西房，前院、后院。直到有次我猛然见到大门墙上挂有文物保护单位的牌子，才知道叶家大院是座有来历、保存完好并颇具北京古色古香风韵的四合院。我去后进照顾叶老的阿姨住处看了看，那幽静的氛围，使我强烈地感到阿姨和叶老全家的和谐融洽。阿姨照料叶老已几十年了，叶家大院就像她自己的家。她能做出叶老爱吃的多种下酒菜，叶家大院里流淌的就是这人与人之间纯真的情意。

有一次去看望冰心老人。家里人告诉我，老人知道叶老去世后很伤心，提醒我千万别同老人提起叶老。冰心躺在床上，我坐在旁边，同她谈

叶圣陶在客厅闭目养神（吴泰昌 1981 年摄）

天。她却主动谈起了叶老。她说：在她熟悉的作家中，叶老做事是最认真的，为人是最可信赖的。她这种印象我是从心底里赞同的。1984 年我为《文汇报》开了“书山偶涉”专栏，头一篇《最早评论〈子夜〉的文字》，介绍 1933 年 1 月出版的《中学生》杂志上关于茅盾长篇小说《子夜》的一则提要。我在文中说提要“很可能出自开明书店的主要编辑，也是当时《中学生》杂志的主要编辑叶圣陶之手”。这篇短文发表后家里人念给叶老听了，有次我去看他，还没坐定，他从卧室里走出来，头一句话就对我说：“我想了想，关于《子夜》的介绍，不一定是我写的，很可能是徐调孚先生写的。徐先生已过世，你下次写文章说明一下。”

叶老那些年数次住院，时间最长的一次有三四个月。怕打扰他，我很少去看他。听说他那时心情烦躁，视力听觉均不好，我急忙从崇文门花店买了一束鲜花前往。他明显消瘦疲倦，但声音仍洪亮，问我这花是谁送的？我说是我送的，他说谢谢。我知道他问这话的意思，因为远

叶圣陶侧影

在上海的巴金先生，有次听说他住院了，曾嘱我代他送过一束鲜花。叶老说巴金自己身体也不好，还惦念他，高兴得当日写诗“巴金兄托泰昌携花问疾作此奉酬”。1987年，叶老青年时执教过的江苏吴县甪直镇小学要为他建立一个纪念室，他不同意，说当初的事是和几位朋友一起做的，成绩不能全归到他身上。我记得至善曾给我叶老写的一份声明，说如果纪念室真建立了，就发表。

我为叶老拍过好些照片，最后一张是1987年5月28日我访问港澳回来，恰巧至诚从南京来了，我们在院子里拍了四五张。我的摄影技术不高，但每次都能将给我印象最深的叶老那一双浓重的眉毛清晰地拍下来。我特别喜爱老人眉梢上雪白的两片，靠近他时常久久地盯住那洁白如云的两片。

1988年2月16日上午，我得悉叶老谢世的噩耗后赶到叶家大院，一切都静悄悄的。我坐在往常坐惯了的沙发上，手中依然有一杯热腾腾的清茶。我忘了该向至善等说些安慰的话，我在回想，回想，眼前飘浮着那片白云。

一直到今天，只要一想起叶老，眼前还会飘浮起那片白云……

后　记

2010年，三联书店同时出版了我的“亲历大家系列”三本书，《我知道的冰心》是初版，《我亲历的巴金往事》和《我认识的朱光潜》更是修订本。下面计划写的就是这本《我了解的叶圣陶》，这本书酝酿的时间不短，叶老家的亲属热心支持，力促我尽早将书写出。2012年，叶老的孙子辈兀真、小沫、永和、燕燕专门汇齐来看我，席间谈起我同叶家三代都较熟，交往也较多，永和说，你和我们叶家不光是为工作，更是朋友了。他们希望我写得随意些，多写些知道的事，和听过的爷爷的谈话。永和的爱人蒋燕燕答应为我查找爷爷日记中有关我的记载，提供书中需要配用的图片。这年的除夕夜午饭，我应邀和他们一起去叶至美家，和至美一起欢度春节。叶老的儿子，至诚、至善都先后过世了，至美虽多年在病中但却坚持下来了。那天她情绪很好，见了我就说：听说你要写我父亲的书，我很高兴，有些内容你可来问我，或叫永和他们代问。我点点头。那天我还和远在南京的叶兆言通话互贺新春。万万没想到，没几个月至美也辞世了。我写这些，是想说明叶老的亲人们对我写这本书给予了很大的激励和实际的帮助，让我感动，不言谢了。

三联书店也关心我的这本书的写作。副总编郑勇不催我，但时常提醒我。本书责编卫纯和卓玥（特邀）给予了精心的帮助。还要感谢《民族文学》主编石一宁，他繁忙中给予的具体帮助。

有两点想说明：一、我接触晚年的叶圣老虽然时间不算短，但对他的了解毕竟有限，而我所写的也不是我所有限了解的全部。二、书中引用的叶圣陶的日记，均由叶家提供。日记有的已见于《叶圣陶集》，有的见于《出版史料》和《叶圣陶研究年刊》，叶圣陶日记将会全部公开出版。所以本书在引用时未一一标明出处。

秋凉将至，我开始准备这套“亲历大家系列”的下一部了。

2014年8月末